초등소학 (하)

국민교육회 저

박치범

경인교육대학교 강사

주요 논저로 「이상 삽화 연구」, 「일제강점기 보통학교 〈조선어급한문독본〉의 성격」 등이 있다.

박수빈

한국항공대학교 강사

주요 논저로 「일제의 황국식민화 정책과 〈조선어독본〉」, 「역사소설의 탈역사화 서술 연구」 등이 있다.

한국개화기 국어교과서 7

초등소학 (하)(국민교육회 저)

1판 1쇄 인쇄 __ 2012년 08월 20일
1판 1쇄 발행 __ 2012년 08월 30일

편역자 __ 박치범·박수빈
발행인 __ 양정섭
발행처 __ 도서출판 경진
등 록 __ 제2010-000004호
주 소 __ 경기도 광명시 소하동 1272번지 우림필유 101-212
블로그 __ http://kyungjinmunhwa.tistory.com
이메일 __ mykorea01@naver.com

공급처 __ (주)글로벌콘텐츠출판그룹
대 표 __ 홍정표
디자인 __ 김미미
기획·마케팅 __ 노경민 배소정 배정일
경영지원 __ 안선영
주 소 __ 서울특별시 강동구 길동 349-6 정일빌딩 401호
전 화 __ 02-488-3280
팩 스 __ 02-488-3281
홈페이지 __ http://www.gcbook.co.kr

값 __ 29,000원
ISBN __ 978-89-5996-164-1 93370

【한국개화기 국어교과서】 7

박치범 · 박수빈 편역

초등소학

하

국민교육회 저

도서출판 경진

• 일러두기

1. 이 총서는 『초등소학』(국민교육회, 1906)을 저본으로 삼았다.
2. 이 총서는 현대역과 원문을 함께 실었다. 현대역을 통해 자료의 접근성을 높이는 한편, 원문을 참조 가능하게 함으로써 연구 자료로서의 가치를 최대한 보존하려는 이유에서이다.
3. 현대역은 현대 어법을 따르면서도, 원문의 의미와 형태를 손상시키지 않는 방향으로 작성하였다.
   1) '올시다', '이니라' 등 옛 문투는 '입니다', '이다' 등으로 수정하였다.
   2) 한글 표기를 위주로 하되 의미 파악에 필요한 경우 한자를 병기하였다. 한자 병기만으로 의미 파악이 어려운 경우 각주를 첨부하였다.
   3) 문맥을 이해하는 데 필요한 경우 문장의 주체나 대상 등을 (　　) 안에 표시하여 문장에 삽입하였다.
   4) 한자를 음차한 인명과 지명은 원문의 표기를 그대로 따랐다. 추정 가능한 것은 [　　]를 병기하여 현대의 발음을 적어 넣었다.
   5) 책명은 『　　』, 작품명이나 편명은 「　　」로 표시하였다.
   6) 방점 및 밑줄, 그리고 글자 반복 표시 등은 원문을 따랐다.
   7) 낙자, 오식 등은 교정하였고, 원문 파손이 심해 판독이 불가능하다고 판단되는 경우 이를 표시하였다.
4. 『초등소학』 권 8의 본문에 등장하는 일부 서양식 인명, 국명 등은 위 3의 원칙과 달리 현대의 발음을 적고 당시의 음차 표기를 (　　)로 묶었다. 이를테면 18과 「세계일주」와 같이 본문에 10여 개가 넘는 음차 표기가 등장하는 경우 현대의 발음을 앞에 적어 가독성을 높였다.
5. 『초등소학』은 현재 권3과 권4가 결권이다. 그리하여 여기에서도 이들 부분은 결락으로 처리할 수밖에 없음을 밝혀 둔다.

발간사

기원에 대한 천착은 '미약한 물줄기가 나중에 역사의 강물을 이루는' 놀라운 가능성을 경험할 수 있다는 점에서 학문하는 이들에게 늘 매력적이다. '개화기'라는 용어에는 응축된 사회 변혁의 의지와 함께 점증하는 외세가 만들어낸 시대의 수많은 변인들이 자리잡고 있다. 개화기는 자발적이고 주체적인 근대교육이 제도적으로 마련된 출발점이자 기원이었다.

근대 교육의 도정은 내재적 개혁이었던 갑오개혁의 흐름 안에서 태동했다. 그러나 그 지향점은 급진적인만큼 주체적이나 외세로부터 자유롭지 못했던 갑오개혁의 한계와 고스란히 통한다. 갑오개혁에는 동학혁명에 따른 민중의 요구와 함께, 청일전쟁에서 승리한 일본의 입김이 작용했기 때문이다.

이런 맥락에서 보면, 근대 교육의 장에서 국가적 전사회적 열망을 아우르는 중층성을 고려한 근대 국어교과서의 고증과 해석은 결코 쉬운 작업이 아니라고 단언할 수 있다. 이 시기 교과서의 체재와 기술은 한국 어문의 형성과 직결되어 있고, 교과서에 수록된 내용들은 근대 지(知)의 계몽과 '국민'이라는 주체 형성과 궤를 같이 한다.

그렇기 때문에 면밀한 고증은 자주 한정된 분야를 넘어 학제적 지식에 입각한 해석의 지평을 함께 열어야 하는 까다로움을 안고 있다. 그만큼 개화기 국어교과서에 담긴 근대 국어교육의 출발점이라는 역사적 함의는 크다. 여기에는 시대적 과제와 마주선 한 사회의 요구와 이상이 아로새겨져 있고, 근대국가 성립에 필요한 근대 지와 공통감각의 원천이 자리잡고 있다. 요컨대 교과서는 국가와 국민, 개인과 사회가 새롭게 재편되고 형성되는 구체적인 지표였던 셈이다.

이번에 기획·발간되는 '개화기 국어교과서 총서'는 모두 근대 국어교육의 실상을 파악하려는 '근대국어교과서모임'의 중간 결산에 해당하는 작업이다. 『국민소학독본』에서 『부유독습』에 이르는, 1895년부터 1910년 사이에 간행된 국어교과서와 독본류 14권은 오늘의 관점에서 보면 생경한 단어와 한자 표현 때문에 원문에 대한 접근 자체가 어려운 전대의 텍스트이다.

우리 모임은 개화기 이후 국어교과서를 함께 읽고 연구해온 지도 벌써 3년을 넘어서고 있다. 지난 2011년 봄, 우리 모임은 근대 국어

교과서의 실상에 좀 더 쉽게 접근할 수 있도록 연구자와 일반 독자들에게 원문과 현대역으로 된 '개화기 국어교과서 총서'를 준비하기로 합의하였다.

2011년 여름방학부터 겨울방학에 이르는 기간 내내, 현대역을 위한 용어와 표현상의 통일을 위해 여러 번의 회의와 토론을 가졌다.

현대역이 된 원고의 내용은 상호 교차해서 교열하는 방식으로 원문의 오류와 해석상의 불투명성을 넘어서고자 했다. 거기에다 번역된 원고를 상호 교열하는 방식으로 해석상의 오류와 모호함에서 최대한 벗어나고자 하였다.

모쪼록, 이 총서가 국어교과서에 관심을 가진 모든 분들에게 값진 자료이자 안내서가 되기를 소망한다. 독자 여러분의 많은 관심과 질정을 바라며, 도서출판 경진 관계자 여러분께도 심심한 사의를 표한다.

2012년 가을 문턱에 편역자 일동

해설

애국계몽기 교과서의 근대 지향

박치범·박수빈

『초등소학』은 대한교육회가 1906~1907년에 간행한 교과서이다. 『초등소학』은 총 4책 8권으로 구성되었으며 교과서의 발행과 인쇄처는 모두 대한교육회로 표기되어 있다. 당시 ≪황성신문≫에 실린 광고[1]를 보면 이 책의 성격과 구체적인 사용양상을 짐작할 수 있다. 광고는 『초등소학』이 "本國의 語學을 研究"한 결과라고 밝혀 국어 교과로서의 성격을 드러내면서도 "德育, 智育을 兼備케 著述"했다고 적음으로써 범교과적인 '독본'으로서의 성격도 갖도록 했음을 보여준다. 아울러 "每課에 圖를 插ᄒᆞ야 受業에 易曉"케 했다는 언급은 교육 자료로서의 성격 또한 고려되었음을 알게 해준다. 이어지는 "第一冊二編은 幼稚教育에 適合ᄒᆞ고 第二冊三編으로붓터 第四冊八編ᄭᆞ지는 小學校三學年에 卒業케" 했다는 부분에서는 『초등소학』을 사용했던 학습자의 학년 급을 구체적으로 밝혀주고 있다.

『초등소학』의 간행을 맡은 대한교육회는 1900년대 휘문 의숙 편집

1) ≪황성신문≫ 1907년 1월 16일 4면 2단.

부, 휘문관, 보성관 등과 함께 검정 교과서를 활발히 출원한 단체다. 『초등소학』을 비롯하여 『신찬소물리학』, 『대동역사략』 등 같은 시기에 대한교육회에서 발간한 각종 교과서는 사립학교에서 벌어진 애국계몽 교육 운동에 힘입어 "교과용 검정 규정과 소위 출판법이 시행되기 직전인 1907년 말까지 광범한 보급권을 구축하고 있었다".[2)]

이렇게 편찬된 『초등소학』은 표지와 목차, 단원명과 본문, 삽화 등으로 구성되어 있고, 국한문혼용체로 쓰였다. '한글 깨치기' 성격이 강한 권1에는 오늘날 소위 '의미 중심 교수법'에 해당하는 방식의 초기 문자 지도 방법이 구현되어 있다. 학생들에게 친숙한 그림과 단어를 함께 제시하여 한글 자모의 소리와 결합 방식을 익히도록 하는 것이다. 물론 권1 중간쯤에 반절표가 제시되어 있지만 교과서에 나타난 교수·학습 방법은 그림과 문장을 통해 한글 자모의 체계를 익히도록 하는 방식이 우세해 보인다.

권2의 특징이자 『초등소학』의 구성 중 두드러지는 부분은 단원 구성 방식에 '복습'이 나타난다는 점이다. 오늘날의 연습 문제와는 달리 앞서 배운 몇 개의 과를 묶은 다음, 각 과에서 가르친 내용 중 핵심이 되는 것을 한 문장으로 나타내는 방식을 쓰고 있다. 가령 '17과 병아리'에서는 어미 닭의 말을 안 듣고 멀리까지 갔다가 솔개에게 잡아먹힌 병아리 이야기가 수록되어 있는데, 17과부터 21과를 정리하는 '복습4' 중 한 문장은 "아이들은 어른의 말을 잘 듣는 것이 옳습니다."라고 되어 있는 식이다.

이어 권5부터 권8까지는 이른바 고학년용 교재로 계몽기 근대 지향적 교과서의 면모를 잘 드러내고 있다. 여기서 다루는 내용은 크게 과학, 기술, 지리, 정치, 경제 등과 같은 '근대적 지식'과 근면, 성

2) 이종국, 『한국의 교과서』, 대한교과서주식회사, 1991, 316쪽.

실, 정직, 위생 등과 같은 '근대 시민 의식', 한국의 고대부터 조선까지의 역사를 정리한 '역사적 사건과 인물' 등으로 나누어 볼 수 있다. 이들 내용은 대개 조선의 자주독립과 부국강병 등 애국계몽의 사상을 직접적으로 드러낸다.

목차(하권)

목차(상권)

초등소학 권1

초등소학 권2

초등소학 권5

초등소학(상) 원전

초등소학

국민교육회 著

권6

초등소학 권6 목차

제1 개국기원절

기원절(紀元節)은 우리 태조(太祖) 고황제(高皇帝)께서 어위(御位)에 나아가신 날입니다.

당시에 전국이 크게 어지러워서 도적은 사방에 일어나며 또 외구는 자주 침노(侵鹵)하였습니다.

태조 고황제께서 친히 병사를 거느리고 모두 평정하신 이유로 전국 신민은 다 한마음으로 추대하여 (황제께서) 어위에 나아가시게 되었습니다.

태조 고황제께서 민심을 순하게 하여 국가를 다스려 국기[1]를 공고(鞏固)히 하셨습니다.

전국의 백성은 다 태조고 황제의 성덕(聖德)과 대업을 사모(思慕)하여 이 날을 기념하고 (국가가) 천만대에 이르기를 축하합니다.

이 날은 경향[2]은 물론이고, 모두 일을 쉬고 국기를 문 앞에 높이 달고 축하하는 뜻을 표시합니다. 또 학교의 학생들은 국기를 세우고 애국가를 부릅니다.

---

1) 국기(國基): 나라를 이루거나 유지해 나가는 기초.
2) 경향(京鄕): 서울과 시골을 아울러 이르는 말.

제2 연못의 개구리

하루는 정길이과 순길이가 연못가에서 놀다가 연못(蓮池) 위에 있는 한 조그만 개구리(蛙)를 보았습니다. 순길이는 가지고 있던 조그만 지팡이(杖)로 (개구리를) 치고 (개구리에게) 돌멩이를 던졌습니다. 이때 정길의 아버지가 이를 보고 조그만 개구리를 죽이지 말라고 하였습니다.

"아이들아 어떤 이유로 그 조그만 개구리를 쳐서 죽이려고 하는 것이냐. 너희들은 재미있는 놀이로 하는 것이지만, 조그만 개구리가 너희에게 무슨 해를 끼쳤느냐. 이것은 무익한 죽임이니 악한 일이다. 어부가 물고기를 잡고, 사냥꾼이 짐승을 잡는 것은 다 인간의 먹을 것과 옷, 도구 등을 위한 것이다. 그러나 너희들은 그 조그만 개구리를 죽이려고 하니 조그만 개구리를 대체 어디에 쓰려 하는 것이냐. 아무 이익도 없고 연잎만 다친다."
라고 말씀하였습니다.

제3 국문

우리가 마음에 있는 일을 입으로 능히 말하며 또 손으로 능히 쓸 수 있으니 언어는 성음(聲音)으로 귀에 감각케 하며 문자는 형상(形象)으로 눈에 감각케 하는 것이다.

우리나라가 고대에 언어는 있었지만 문자는 없었던 이유로 다른 나라의 문자를 빌려 사용하였으니 이는 곧 한문이다. 우리나라는 몇 천년 동안 한문을 사용하면서 사실상 불편함이 컸다. 세종대왕께서는 이를 걱정하여 친히 문자를 제작하시니 곧 오늘날에 우리가 쓰는 국문(國文)이다.

국문은 모음(母音) 11자와 자음(子音) 17자로 이루어지니 합이 28음이다. 이로써 모든 글자를 합성하여 만반[3]의 성음을 사출[4]한다.

그리하여 이를 배우기 쉽고 또 쓰기도 편하여 순전한 국문을 사용하기도 하고 혹 국문과 한문을 섞어 쓰기도 한다.

제자들아, 생각하여라. 만국(萬國)이 다 언어와 문자가 각기 있으니 우리나라는 우리나라 글자를 사용하는 것이 옳다. 국문은 실로 억만년에 독립자주(獨立自主)하는 표적[5]이다.

3) 만반(萬般): 마련할 수 있는 모든 것.
4) 사출(寫出): 글씨나 그림 따위를 그대로 베끼어 냄.

제4 군함

군함(軍艦)은 전쟁에 쓰이는 견고한 배다. 철로 짓고 기력(氣力)으로 움직인다. 병사는 육지에서만 전쟁을 하는 것이 아니라 물 위에서도 전쟁을 한다. 이는 해군(海軍)이니 해군은 군함을 탄다.

군함에는 적병과 전투하는 것과 적병을 구축(驅逐)하는 것 이외에 여러 가지가 있으니 다 대포(大砲)를 배 안에 둔다.

대개 나라에 병비[6]가 있음은 집에 울타리(藩墻)가 있는 것과 같으니 집에 울타리가 없으면 도적이 반드시 들어오고 나라에 병비가 없으면 외적(外敵)이 반드시 침입한다. 국가는 오직 육지만 영유[7]하여 영토(領土)라 하지 않고, 또 바다도 영유하니 이는 영해(領海)라 한다. 지금 시대는 세계상에 있는 나라가 많고 또 이 여러 나라가 서로 통함은 우리들이 이웃집(隣家)에 왕래하는 것과 같다. 이런 이유로 어떤 때는 산의 험고(險高)와 바다의 광대(廣大)함을 믿어 국가를 견고하게 여겼으나 오늘날에는 그렇지 않아 그 나라를 보전하고자하면 병비가 있어야만 가능하다.

---

5) 표적(表跡): 겉으로 드러난 발자취.
6) 병비(兵備): 군대나 병기 따위의 군사에 관한 준비.
7) 영유(領有): 자기 것으로 차지하여 가짐.

그리하여 육지에는 육군이 있고 바다에는 해군이 있어 그 국가를 보호하니 오늘날 세계상에 강국은 국함을 많이 가지고 있다.

우리나라는 삼면이 바다가 있고, 한 면은 육지이기 때문에 군함을 많이 마련하는 것이 옳다.

제5 무식한 개구리

개구리(蛙) 한 마리가 우물에서 살았습니다. 하루는 바다에 있는 자라(鼈)가 지나다가 우연히 이 우물에 들어왔습니다. 개구리가 우물 돌에 앉아 교만한 모양으로 자라에게 물었습니다.

"너는 어디로부터 왔느냐."

하니 자라가 대답하였습니다.

"나는 바다에서 왔다."

개구리가 우물 가운데를 두루 뛰어다니면서 말하였습니다.

"바다도 이렇게 크냐."

자라가 웃으면서 대답하였습니다.

"우물보다 극대(極大)하다."

하니 개구리가 또 말하였습니다.

"이보다 깊으냐."

자라가 대답하였습니다.

"너의 재주(才)로는 일생을 다 해도 바다에 닿지 못할 것이다."

하니 개구리는 자라에게 거짓말을 한다고 책망하였습니다.

무릇 학식이 없는 자는 사람의 광대한 사업(事業)과 개명(開明)한 재지[8]를 들으면 거짓말이라고 칭하니 어찌 이 개구리와 다르겠는가?

8) 재지(才智): 재주와 슬기.

제6 양만춘

고구려 시대에 양만춘(楊萬春)은 충의와 지용[9]을 겸하고 있어 국가를 숭상하고 외구를 방어하던 유명한 사람이다. 이때 중국(支那)의 당제(唐帝) 이세민(李世民)이 수나라(隋)의 적을 평정하고 황제라 칭한 후에 그 탐욕의 마음이 방자(肆)하여 동쪽으로 고구려를 침범하고자 하여 서로 백만의 대군을 거느리고 요동(遼東)으로 갔다. 그리하여 안시성(安市城)에 다다르니 그 형세가 밀물 밀 듯 하였다.

고구려는 지나의 땅을 경계로 하여 앞으로부터 항상 병비(兵備)를 엄하게 하였다. 그 때문에 수제(隋帝)의 군사를 크게 무찌르고 외구를 방어하였는데 이때에 당나라 병사가 또 침범하였다.

그러나 양만춘이 안시성을 고수(固守)하여 수나라 병사에 항거(抗拒)하니 안시는 탄환과 같은 작은 성이었다. 또 그 병사도 수천에 불과하여 달포가 지나도록 수나라 병사들이 빼앗지 못하는 것이었다.

이때 수제가 교만한 마음이 노여움으로 변하여 병사를 직접 감독하여 성을 치러 갔다. 양만춘이 군사에게 명하여 일제히 궁노[10]를 쏘게 하여 수제의 몸에 화살이 고슴도치의 털처럼 꽂혔다. 그는 왼

9) 지용(智勇): 지혜와 용기를 아울러 이르는 말.
10) 궁노(弓弩): 활과 쇠뇌를 아울러 이르는 말.

쪽 눈이 애꾸눈이 되고 죽을 지경에 처하게 되었다. 수제는 지(智)가 궁하고 힘이 다하여 몸을 일으키지 못하였다. 본국으로 돌아가서 감히 다시 전쟁을 일으키지 못하였다.

수제가 드디어 금포[11] 한 벌을 양만춘에게 주고, 성을 고수하는 것을 칭찬하고 퇴거하니 만춘이 성의 위에 올라 호의로 감사하며 배웅(謝送)하였다.

---

11) 금포(錦袍): 비단으로 만든 도포나 두루마기.

제7 썩은 감

순길은 항상 악한 동년배와 함께 어울려 놀았다. 그 아버지는 이를 염려하여 (그들과 어울리는 것을) 금지하였으나 순길이 이를 듣지 않았다. 하루는 그 아버지가 농숙[12]한 감 다섯 개를 소반에 담아서 순길에게 주니 순길이 크게 기뻐했다.

아버지는 또 썩은 감 하나를 그 위에 같이 두고 다락 위에 두라고 하였다. 순길은 아버지의 말씀대로 하였다. 사오일 후에 내어보니 여섯 개의 감이 다 썩어 있었다. 순길이 마음으로 그것을 매우 아까워하자 아버지는 이를 보고 경계하여야 할 것을 말씀하였다.

"내가 그 전부터 자주 너를 가르쳤으나 너는 듣지 않았다. 지금 이 감을 보아라. 이 좋은 감 다섯 개가 썩은 감 한 개와 함께 있어 모두 썩었다. 사람도 만일 악한 친구와 어울려 놀게 되면 비록 착한 사람이라도 그 악한 것에 물들어서 악한 사람이 되는 것이다. 너를 이를 극히 생각하여야 한다."

이후로부터 순길은 그 아버지의 말씀을 좇아 악한 친구가 유인할 때는 항상 썩은 감을 생각하면서 마침내 착한 사람이 되었다.

12) 농숙(濃熟): 과일이 충분히 익음.

제8 페르시아 왕의 말씀

페르시아(波斯)라 하는 나라는 아세아주의 서남쪽에 있다.

예전에는 매우 강성한 나라였다. 옛날에 페르시아에 한 유명한 왕이 모든 백성을 모아서 큰 잔치를 벌였다.

이때 왕은 그 신하와 더불어 야외에 구경을 하더니 한 나무꾼(樵夫)이 나뭇짐을 진 것을 보고 물었다.

"다른 백성들은 다 왕의 잔치에 참례하였는데 너는 어떤 이유로 참석하지 않은 것이냐?"

하니 나무꾼이 듣고 대답하였다.

"무릇 사람은 마땅히 자기의 힘으로 자기가 먹을 것을 얻어야 하는 것인데 왕이 비록 은혜를 베풀었지만 이는 나의 근면한 마음을 덜하게 하는 것이니 나는 왕이 구휼[13]하는 것을 원하지 않습니다."

하니 페르시아 왕이 이 말을 듣고 매우 기이하게 생각하였으나 '저 나무꾼은 과연 그 직분을 아는 자구나'라 생각하고 칭찬하였다 한다.

---

13) 구휼(救恤): 사회적 또는 국가적 차원에서 재난을 당한 사람이나 빈민에게 금품을 주어 구제함.

제9 기선과 기차

철관[14]에 물을 많이 끓이면 그 뚜껑(盖)을 조금 밀어 올려 증기가 통하게 된다. 이는 물이 끓는 (힘으로) 증기의 힘이 생기게 되는 것이다. 기는 증기가 점점 차가워져 (물로) 우리들의 눈에 보이는 것이다.

옛날에 영국(英吉利)에 와트라는 사람이 증기의 힘을 이용하여 기계를 움직이는 것을 연구하였다. 후인이 더욱 연구하며 시험하여 마침내 기선(滊船)과 기차(滊車)를 제작하였다.

기선은 증기의 힘으로 배를 부려서 물을 헤치고 해면(海面)에 움직이는 것이다. 그 움직임이 매우 빠르다. 기차도 또한 증기의 힘으로 차를 움직이는 것이다. 그 차에 많은 수의 차를 연결하여 기선보다 더욱 빠르게 움직이게 한다. 이는 철로의 위로 다니는 것이다.

철로는 평편한 길 위에 두 개의 선으로 철편을 평행으로 설치하여 그 아래에 침목으로 받치고 이에 못을 박으며 많은 철편으로 서로 연결시키니 이것이 궤도(軌道)다. 양쪽에서 차가 서로 지나는 데는 궤도가 둘이 되는 것이다.

지금 우리나라의 바다에는 기선이 있고 육지에는 기차가 있어 여

14) 철관(鐵罐): 쇠로 만든 관.

행과 운수(運輸)에 매우 편리하다. 옛날에는 부산에서 동경으로 오가는데 산을 넘고 강을 건너서 간고[15]를 지내고 십여 일이나 걸렸으나 지금은 차나 배위에서 편안히 앉아 하루면 오갈 수 있다.

15) 간고(艱苦): 처지나 상태가 어렵고 힘듦.

제10 지구

지구(地球)는 우리가 생활하는 곳이니 그 형태가 구(球)와 같다.

이는 물과 흙이 합쳐져 이루어졌으니 표면의 사분의 삼은 물이고 사분의 일은 흙이다.

옛날에는 땅이 네모(方)라고 하였으나 이는 잘못된 설이다. 지구는 한 개의 둥근 덩어리가 단단히 뭉쳐서 잠시도 쉬지 않고 돌아다니면서 주야(晝夜)와 사시(四時)를 만들어낸다.

지구가 둥글다는 증거는 지리학에서 보면 자세하게 알 수 있지만 이에 짧게 덧붙이고자 한다.

첫 번째로 월식(月蝕) 때에 보면 알 수 있는데 월식은 지구의 그림자가 달 전체를 가리는 것이다. 그 그림자가 둥글기 때문에 그 형체 또한 둥글다는 것을 알 수 있다.

두 번째로 어느 항구에서든지 배를 타고 서쪽이나 동쪽의 일정한 방향으로 움직이면 출발하였던 항구에 다시 돌아온다. 만약 지구가 둥글지 않으면 어찌 방향이 바뀌지 않겠는가.

세 번째로 해변에서 멀리 오는 배를 보면 먼저 돛(帆) 머리가 보이고 선체는 보이지 않는다. 그러다가 배가 가까이 올수록 선체가 보이는데 이는 수면의 높이 때문이다. 즉 지구의 형체는 둥근 것이 분명하다. 지구도 하나의 별이니 어찌 둥글지 않은 별이 있겠는가.

제11 자기의 할 일

참새(雀) 한 마리가 보리밭(麥田)에 새집(巢)을 만들어 그 병아리(雛)를 길렀다. 때는 초여름이 되어 보리가 누렇게 익었다(已黃). 어미 참새가 그 병아리가 날기 전에 주인이 보리를 벨까 걱정하였다. 어느 날 아침에 먹을 것을 구하러 나갈 때 그 병아리더러

"내가 없는 사이에 무슨 일이 있든지 자세히 일러라(詳告)."

하였다. 해가 진후에 어미 새가 돌아오니 그 병아리가 이르기를,

"오늘 밭주인이 그 이웃사람에게 이 보리를 같이 베자고 했습니다."

라고 말했다.

어미 참새는 그 말을 듣고도 놀라고 두려워하는 기색이 조금도 없었다. 다음날에도 또 먹을 것을 구하러 갔다 오니 병아리가 또 말했다.

"오늘은 밭주인이 또 그 친구에게 보리를 같이 베자고 부탁했습니다."

하고 매우 두려워하였다. 어미 참새가 말했다.

"아기야 두려워 말아라. 비록 그 간친[16]한 사람에게 부탁하였지만 그렇게 되지 않을 것이다. 안심해라."

하고 그 다음날 아침 또 나가서 저녁에 돌아왔다. 병아리가 또 말하기를

"오늘은 밭주인과 그 아들이 여기에 와서 그 친속[17]이 오지 않은 것을 보고 내일 아침에는 자기 부자가 이 보리를 베어야겠다고 했습니다."

하니 어미 참새가 이를 듣고 비로소 크게 놀라며 말했다.

"우리들은 떠나야겠다. 이웃사람과 친족에게 의뢰한 것은 걱정할 바가 없다. 그렇지만 자기 일을 자기가 하기로 결정한 것은 반드시 그렇게 할 것이다."

하고 그 날로 그 밭을 떠났다고 한다.

---

16) 간친(懇親): 다정하고 친밀하게 지냄.

17) 친속(親屬): 친족.

제12 물의 거처

의복을 세탁하여 햇빛에 쬐이면 그 물은 점차 말라서 마침내 흔적이 없어진다. 그리하여 그 물은 어디로 갔는지 우리들의 눈으로 보지 못하니 이는 물이 태양의 열기를 받아서 증발한 증기로 공기 중에 비산(飛散)한 것이다.

강이나 바다의 물도 이와 같이 항상 태양의 열로 인해 형체를 변화시킨다. 끊임없이 공기 중에 비상하기 때문에 공중에는 증기가 끊이지 않는다.

증기는 기체이기 때문에 능히 볼 수 없지만 만약 한랭(寒冷)할 때는 모두 작은 물방울이 되어 사람의 눈에 보인다.

비가 올 때면 산속에서 먼저 연기 같은 증기가 비상하여 산을 덮으니 이는 무수한 물방울이 모인 것이라 이를 구름(雲) 혹 안개(霧)라고 말한다.

구름이 차가워지면 또 서로 모여 큰 물방울이 되어 지면에 떨어지니 이는 곧 비다.

빗물은 흘러 강과 바다로도 들어가며 땅에도 들어가니 땅에 들어가는 것은 샘(泉)이 되어 지상에 솟아 작은 하천(小川)이(되)지만 큰 하천이 되어야 다시 바다로 들어가게 된다.

물은 형체를 보이지 않게 공중으로 비상하며 또 거처를 잃은 것 같이 땅으로도 들어간다. 그러나 이것이 모두 소실되는 것이 아니고, 여기저기로 다니며 저기서 이리로 오는 것에 지나지 않는다.

제13 한신

고대 중국에 한 영웅이 있으니 그 이름은 한신[18]이다. 한신이 어릴 때 가세가 급히 어려워져 사방으로 다니면서 걸식(乞食)을 하였다.

하루는 한 마을에 갔더니 여러 악(惡)한 소년들이 모여서 한신을 욕하기를

"네가 검을 찼으니 네가 용기가 있거든 나를 찌르고 그렇지 못하면 내 사타구니 사이로 기어 나가라."

하니 한신이 생각하기를 '내가 저 악한 소년을 찔러 죽이는 것은 무익(無益)한 일이다. 다만 나의 생명만 다할 뿐이니 차라리 욕을 참겠다.' 하고 그 사타구니 밑으로 엉금엉금 기어나갔다.

한신은 이후에 한조(漢朝)의 대장군(大將軍)이 되어 마침내 큰 공을 세웠다.

부탁하건대 제자들은 이를 보아라. 사람이 인내하는 마음이 없으면 일을 이루지 못한다. 옛말에 부드러움(柔)은 강한 것을 억제하고 약한 것이 강한 것을 이긴다 하였다. 항상 무익한 싸움을 하지 말고 분한 일과 업신여김을 당할 때 오직 인내하여 후일을 생각하여야

18) 한신(韓信, ?~B.C.196): 중국 전한의 무장. 한 고조를 도와 조, 위, 연, 제나라를 멸망시키고 항우를 공격하여 큰 공을 세웠다. 한나라가 통일된 후 초왕에 봉하여졌으나, 여후에게 살해됨.

한다. 사람은 마땅히 작은 것을 겁내고 큰 것에 용기를 내는 것이 옳다.

제14 영조조의 성덕

영조조(英祖朝)께서 하루는 호조판서(戶曹判書)에게 명하시기를 "짐(朕)이 늙어 앉고 누움에 심히 편안치 못하니 경(卿)은 짐을 위하여 잠자리 요(寢褥) 한 장을 지어드리라" 하시니 호조판서가 즉시 청목[19]에 목면[20]을 두어 요를 지어드렸습니다.

후에 수일이 지나 (영조조께서는) 그 요를 호조판서에게 도로 주시면서 이르셨습니다.

"경이 이 요를 짠 후로부터 침수[21]가 매우 편안하나 점차 게을러져서 일찍 자고 늦게 일어남이 국가의 정사를 다 살피지 못하여 인민의 질고[22]를 돌아볼 수가 없다. 그러니 짐이 어찌 일신의 편안함을 취하여 만민을 생각지 아니하겠는가. 또 전 국내에 짐과 같이 나이든 자가 기한[23]에 절박한 경우가 많으니 각기 쌀과 곡식으로 짐의 마음을 표하라. 또 경등이 각기 중대한 직임(職任)이 있으니 힘을 다하여 짐을 보필하여 짐으로 하여금 만민에게 죄를 얻음이 없게

19) 청목(靑木): 검푸른 물을 들인 무명.
20) 목면(木綿): 목화나뭇과의 식물을 통틀어 이르는 말.
21) 침수(寢睡): 잠의 높임말.
22) 질고(疾苦): 병고.
23) 기한(飢寒): 굶주리고 헐벗어 배고프고 추움.

하라."

하셨습니다.

제15 상업

식물(食物) 및 일용물품을 무입(貿入)하여 사람들에게 방매[24]하는 영업을 상업(商業)이라 하며 그 사람을 상인이라 한다.

상업에는 도매(都賣), 중매(中賣), 소매(小賣)의 차이가 있다. 도매는 많은 수의 차인[25]을 각처에서 보내서 제반 물품을 극히 많이 무입하여 이를 소매상에게 파는 일이니 이는 큰 상인의 업(業)이라 한다.

소매는 도매소에서 물품을 사서 이를 모두 물건을 구하는 사람에게 방매하는 자니 다수 상인은 대개 이 업에 종사한다.

중매는 매주(賣主)와 매주(買主) 사이에 있어 판매를 흥성하게 하는 업을 하는 사람이다.

큰 시가에는 객주(客主)와 회사의 거대한 상점이 있어 각색물품을 판매하며 또 소상인은 이곳에서 물품을 사 가서(貿去) 사람들 각각에게 방매한다. 각 사람들은 그 물품을 사서 쓴다.

대체로 보아 도매는 거대한 자본을 필요로 하고, 소매는 약소한 자본을 필요로 한다.

상업은 국가를 부성하게 하는 근본이다. 만약 이것이 발달치 못하

24) 방매(放賣): 물건을 내놓고 팖.

25) 차인(差人): 남의 장사하는 일에 시중드는 사람.

면 그 나라는 반드시 쇠패[26]한다. 오늘날 영국(英國)은 상업이 세계에서 제일 융성하였다.

26) 쇠패(衰敗): 쇠하여 패망함.

제16 정거장

정거장(停車場)은 기차를 정차하고 승객과 화물(貨物)을 싣고 내리는 곳이니 철로선(鐵路線)을 따라 곳곳에 두되, 그 사이의 거리는 멀거나 가깝습니다.

이곳은 철도의 정거장이니 많은 사람들이 9시의 기차를 타려고 와서 기다립니다. 기차는 일정한 시각이 되면 곧 떠나고 1분도 기다리지 않습니다.

정거장 내에서는 승객들이 차표를 사는 데 먼저 온 사람과 후에 온 사람이 차례로 서서 표를 삽니다. 승객들은 승장(乘場)으로 들어가니 역부[27]들은 승객의 표를 검사합니다. 잠시 지나니 기차는 기적 소리를 내며 들어옵니다. 그전에 연기를 피우는 것은 기관차니 기관차는 증기의 힘으로 뒤차를 끕니다.

기관차에 이어 연속한 차들은 객차와 화차[28]니 객차는 사람이 타는 것이고 화차는 화물을 싣는 것입니다.

승객은 길의 원근(遠近)에 따라 세금(貰金)을 내고 화물은 경중(輕重)에 따라 세금을 냅니다.

---

27) 역부(驛夫): 역무원.
28) 화차(貨車): 화물 열차.

기차가 도착하니 객차에 있던 사람들은 내리고 승장에 섰던 사람들은 또 들어갑니다. 또 화차 내에 있던 화물은 내리고 다시 싣습니다.

승객들은 객차에 타고 역부들은 화물을 싣고 9시가 되니 기차는 또 기적소리를 내면서 출발합니다.

제17 금속

금은동철(金銀銅鐵)의 종류는 다 견고하고 또 불에 용해(鎔解)함이 상동하기 때문에 이를 금속(金屬)이라 통칭(統稱)한다. 금속은 다 광택이 있어 매우 미려[29]하나 땅에서 새롭게 채출(採出)한 것은 대개 잡물(雜物)이 섞여서 돌과 같으니 이를 광금(礦金)이라 한다.

광금은 깨뜨려서 잡물을 없애고 대로(大爐)에 녹여서 이를 하연(煆煉)하여 각종 물품을 제조한다.

금은 색이 누렇고 빛이 아름답고 무거우며 은은 색이 하얗고 빛이 아름다우니 이 두 종은 금속 중에 제일 귀한자라 화폐를 만들며 또 시계와 가락지(指環) 등을 만든다.

동은 색이 붉기 때문에 적동(赤銅)이라 칭하는데 이 역시 화폐를 제조하며 이를 구리(鉛)와 합하면 놋쇠(鍮)가 된다. 철은 회색빛이 있는 금속이나 공기 중에 닿으면 흑색이 생기기 때문에 흑철(黑鐵)이라고 칭한다.

철은 그 쓰임이 광대하니 주장[30]은 이것으로 부과[31]를 만들고 야

29) 미려(美麗): 아름답고 곱다.
30) 주장(鑄匠): 놋갓장이. 조선시대에 교서관에 속하여 주물 활자를 만드는 일을 맡아 하던 사람.
31) 부과(釜鍋): 가마와 냄비.

장[32]은 도검(刀劍), 서초[33] 등을 만들며 또 군기(軍器)와 병선(兵船)을 제조한다.

우리나라는 각색광물이 많아 천연의 부원(富源)이 있으니 국민 되는 자는 마땅히 면려[34]하여 국가를 은부[35]케 해야 한다.

---

32) 야장(冶匠): 대장장이.
33) 서초(鋤鍬): 호미와 가래.
34) 면려(勉勵): 스스로 애써 노력하거나 힘씀.
35) 은부(殷富): 넉넉하고 풍성하다.

제18 개미와 비둘기

개미 한 마리가 강변에서 물을 마시다가 우연히 물에 떨어져 언덕 위에 오르려고 했으나 못하였습니다. 이때 마침 비둘기 한 마리가 물가에 앉았다가 이를 보고 불쌍히 여겨 나뭇가지 하나를 입으로 꺾어 개미 앞에 던지니 개미가 이에 의지하여 물결을 따라 무사히 지상에 올랐습니다.

얼마 뒤에 한 사냥꾼(獵夫)이 수중에 총을 가지고 새를 잡고자 하는데 비둘기를 보고 크게 기뻐하며 총으로 비둘기를 쏘려고 하였습니다. 이때 개미가 이를 모두 지켜보고 있었습니다.

개미가 스스로 생각하되 저 비둘기는 나를 살렸으니 내가 어찌 비둘기의 죽는 것을 보고 구원치 않겠는가 하고 한 가지 꾀(一計)를 생각하였습니다.

이에 개미가 엽부의 족지[36]를 한번 깨무니 엽부가 크게 놀라 발을 옮길 때에 비둘기도 역시 놀라 드디어 날아갔다 합니다.

이를 보건대 미물(微物)도 은혜를 갚으니 사람이 되어 은혜를 갚지 않으면 저 개미만 못한 것입니다.

---

36) 족지(足指): 발가락.

제19 많은 사람을 기쁘게 하고자 함

한 노옹(老翁)이 그 어린 자식과 함께 당나귀 한 마리를 가지고 시장에 팔러 가다가 어떤 곳에 이르니 한 사람이 비웃으며

"저 노옹이 참 어리석구나. 걸어가면서 아무 짐도 싣지 않았구나." 하였다.

노옹이 이 말을 듣고 그 어린 자식을 태우고 스스로 그 옆으로 걸어갔다.

한 사람이 큰 소리로 또 말하기를,

"어린 아이야, 네 늙은 아버지는 걸어가는데 너는 당나귀를 탔으니 도리에 합당하냐?"

하였다.

노옹이 또 이를 듣고 그 어린 자식을 당나귀에서 내리게 하고 자기가 탔다.

또 한 사람이 말하기를

"그 어린 자식은 피곤하여 제대로 걷지 못함을 보고도 편안히 타 있으니 무정하다. 저 노옹이."

이 노옹은 이 말을 듣고 급히 그 어린 자식을 자기 앞에 마저 올려놓아 함께 타고 갔다.

조금 가서 한 사람을 만나니 그가 말하기를

"이 당나귀는 어떤 사람의 물건인가."

하니 노옹이 자기의 소유라 대답하였다. 그 사람이 웃으며 당나귀에게 무겁게 실은 것을 보고 타인의 물건인가 생각하였다고 하면서

"당나귀가 군(君)과 군의 자식을 태우고 가는 것보다 군과 자식이 당나귀를 메고 가는 것이 낫겠소."

하였다.

이에 노옹은 그 자식에게 말하기를

"나는 마땅히 모든 사람을 기쁘게 할 것이다."

하고 그 자식과 함께 당나귀에서 내려 당나귀의 네 발을 동이고 큰 막대에 잡아 매 그 자식과 더불어 어깨에 메고 시장에 가는 다리 위에 갔다. 길 위의 사람들은 무리지어 서서 이를 구경하였다. 당나귀는 이같이 움직이는 것을 좋아하지 않았기 때문에 힘을 다해 그 동여맨 것을 끊으려 하다가 큰 막대로부터 물에 떨어지고 말았다.

가소[37]하다. 이 노옹은 여러 사람을 기쁘게 하려고 하였으나 어떤 사람도 기쁘게 하지 못하고 오직 그 당나귀만 잃었다. 우리들은 이를 보고 항상 타인의 말을 들을 때 옳은 것과 아닌 것을 깊이 생각하여 취해야 할 것이다.

---

37) 가소(可笑): 터무니없거나 같잖아서 우스움.

제20 용맹한 여자

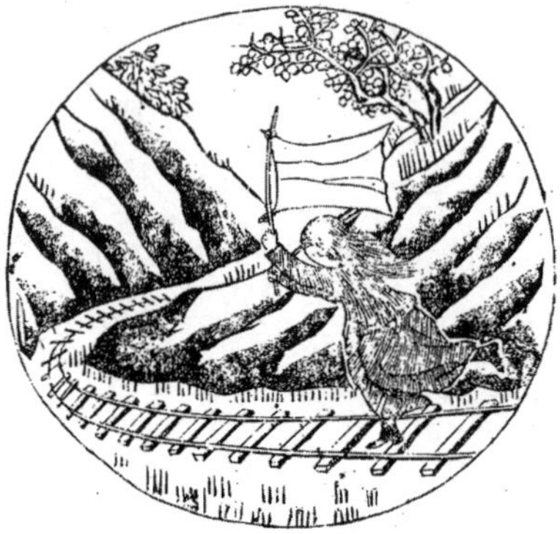

옛날 서양국(西國)에 나무로 만든 철로(鐵路) 다리가 화재(火災)를 만나 끊어졌습니다. 이때 이를 본 사람은 오직 12세 되는 여자 아이 한 사람이었습니다.

이 여자아이가 생각하기를 '증기차는 얼마 안 되어 반드시 오다가 저 다리에서 복멸[38]할 테니 내가 이를 구원하겠다.' 하고 급히 증기차를 정지시키고자 하여 철로선으로 갔습니다.

그러나 이 여자는 또 기관수(機關手)가 자기를 보지 못할까 염려하여 그 수건을 막대에 매어 기(旗)와 같이 들고 급히 갔습니다. 기관수가 증기차를 급행하다가 멀리 이상한 기를 보고 점차 차를 멈추어 여자아이의 앞에 다다랐습니다. 여자는 기관수에게 다리가 무너졌음을 자세히 말하여 증기차는 마침내 복멸함을 면하고 이 여자는 거대한 상을 받았다고 합니다.

대체로 보아서 한 어린 여자로서 능히 위태함을 무릅쓰고 사람의 생명을 구원하니 그 용맹(勇猛)함이 참 어떻습니까. 만일 남자가 되어서 용기가 없다면 어찌 이 여자에게 부끄럽지 않겠습니까.

38) 복멸(覆滅): 어떤 단체나 세력이 뒤집히어 망함. 또는 그렇게 망하게 함.

제21 이시백

이시백은 옛날 우리나라의 정직한 대신(大臣)입니다.

그 집에 미려한 목단[39]이 무성하게 피어 이때에 효종대왕(孝宗大王)께서 이를 보시고 중관[40]을 보내서 구하셨습니다.

시백이 정색하여 말하기를

“내가 비록 어질지 못하지만 일국의 대신이 되어서 황상(皇上)을 보필하는 책임을 졌으니 어찌 이목(耳目)의 완호[41]하는 물건으로써 인군(人君)을 섬기겠는가.”

하였다.

즉시 뜰아래 내려가 목단을 베어버리고 북향재배(北向再拜)하여 말하기를

“신이 정도(正道)로 폐하(陛下)를 섬기지 못하여 오늘날에 이르렀습니다. 폐하께서 신으로 하여금 바르지 않은 것을 행하게 하시니 만일 이와 같을진대 회뢰[42]가 장차 무성히 행하여 국가의 위태함이 조석(朝夕)에 있을 것입니다. 신이 보필하는 책임을 극진히 못한 죄

---

39) 목단(牧丹): 모란.

40) 중관(中官): 내시.

41) 완호(玩好): 진귀한 노리갯감. 또는 좋은 장난감.

42) 회뢰(賄賂): 뇌물을 주고받음. 혹은 그 뇌물.

는 죽음과도 같으나 이는 받들지 못하겠습니다."

하거늘 중관이 이 일을 자세히 고하자 상(上)께서 들으시고 대단히 기뻐하시며 이후로 시백을 더욱 경중[43]히 여기시며 국정(國政)에 극(極)히 힘쓰셨습니다.

43) 경중(敬重): 공경하여 소중히 여김.

제22 육군 연습

육군은 육지에서 싸우는 군사이다. 전쟁은 국가가 타국과 권리가 충돌(衝突)하여 시비를 가리지 못하는 때에 각기 병력(兵力)으로 승패를 결하는 것이다.

전쟁은 어떤 때에 일어날지 가히 알지 못하기 때문에 국가는 비록 평화로운 시절이라도 항상 병비(兵備)를 베풀고 전쟁하는 모양을 연습하여 병기(兵氣)를 강하게 하고 전술(戰術)을 익히게 하는 것이다.

지금의 무수한 육군은 동서(東西) 두 편(便)으로 나뉘어 전쟁을 연습하니 기병(騎兵)은 총을 메고 말을 달리며 포병(砲兵)은 대포를 차에 싣고 끌고 포병[44]은 총을 메고 주행(走行)하여 육지로 달립니다.

동군(東軍)의 기병은 앞에 있고 보병은 뒤를 이어 서군(西軍)의 진(陣)을 내격(來擊)하니 서군의 포병은 급히 동군을 향하여 대포를 쏘니 그 형세가 극히 맹렬하여, 동군도 또한 대포를 쏘고 이에 응합니다.

저편에는 제반군물을 운송하는 치중병[45]이 있고 이편에는 도로와 교량(橋梁)을 수치(修治)하는 공병(工兵)이 있습니다. 이들 병사 사

44) 원문에는 '포병(砲兵)'으로 되어 있으나 문맥 상 '보병'의 오기로 보인다.

45) 치중병(輜重兵): 군수품을 실어 나르던 병사.

이에 서서 검을 들고 지휘하는 자는 사관[46]입니다.

처음에는 사람과 말이 다 분명히 보이더니 포연(砲烟)이 나자 천지가 암명[47]하여 아무것도 보이지 않고 오직 굉굉(轟轟)하는 포성만 들립니다.

오늘 학도가 병식체조(兵式體操)를 행함은 한편 학도의 신체를 건장하게 하려는 것이며 또 한편 후일에 국가의 용맹 있는 군인이 될 예비입니다.

46) 사관(士官): 장교를 통틀어 이르는 말.
47) 암명(暗冥): 어두워서 사람의 눈이 미치지 않는 곳.

제23 양잠

양잠[48]은 인민생업의 하나다. 옛날에는 부인이 이를 전문적으로 맡았지만 지금은 남자 또한 (여기에) 종사하여 (누에를) 일 년에 서너 번 길러낸다.

누에(蠶)는 처음에 알에서부터 태어나며 검고 작은 벌레다. 뽕나무 잎을 먹고 점차 성장하며 그 사이에 네 차례에 걸쳐 먹이를 먹지 않으니 이는 곧 누에의 잠(眠)이라 칭하는 것이다. (누에는) 매양 자고 그 몸의 껍질을 벗으며 입이 커서 뽕나무 잎을 먹는 것 또한 강해 최종(最終)에는 입으로부터 실(絲)을 토하여 고치(繭)를 만들어낸다.

이와 같이 고치를 만들고 누에는 고치에서 번데기가 되며 번데기는 모양을 바꾸어 나방이 되며 나방은 고치를 깨뜨리고 나와 알을 생산하니 그 알을 붙인 종이(紙)를 종지(種紙) 또는 잠란지(蠶卵紙)라 칭한다. 다음해에 또 그 알로부터 누에가 생기는 것이다.

고치를 켜서 생실을 만들고 또 늘여 설면[49]을 만든다.

고치로부터 생실을 취하는 법은 누에를 말리고 쪄서 번데기를 죽인 후에 고치를 삶아 실을 뽑아내는 것이다.

48) 양잠(養蠶): 누에를 기름.
49) 설면(雪綿): '풀솜'의 북한어.

생실은 색이 하얗고 광채가 있어는 아름다운 실이라 매해 우리나라로부터 외국에 수출하는 것이 많고 또 직물(織物)을 제조하여 외국에 판매한다.

양잠하는 법은 먼저 뽕나무를 심는 것이 옳은데 (이는) 곧 국가의 가장 큰 부(富)의 원천으로 그 이익이 벼와 보리를 키우는 것보다 적지 않다. 국가의 부성(富盛)을 바라는 자는 어찌 힘을 다하지 않겠는가.

제24 평양

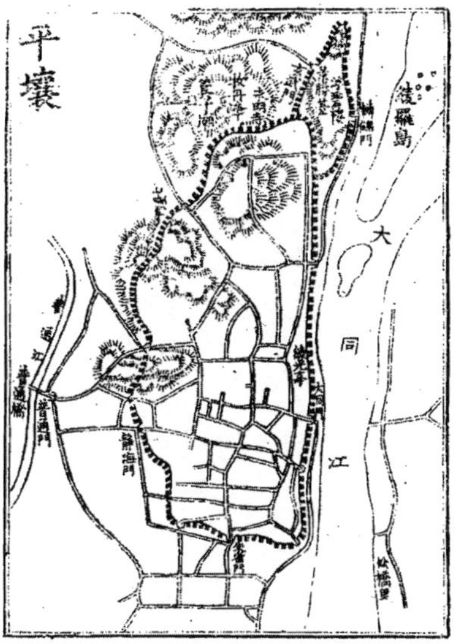

평양(平壤)은 평안남도의 수부(首府)이니 물색[50]이 번화(繁華)하며 산천이 가려[51]하여 우리나라 내에 제일 명승(名勝)이라 칭한다. 마을의 사면에는 성을 쌓고 남으로 대동강에 접해 있으니 이 강은 국내 5대강 중 하나다.

강의 북쪽 언덕을 따라 청유벽(淸流壁)과 모란봉(牧丹峰)이 있으니 청유벽은 삭립[52]한 절벽이 오리(里)에 잇닿아 있고 벽수[53]에 비침이 상하 두 벽을 이룬다. 모란봉은 그 모양이 목련화와 같아서 형용이 기묘하다.

또 강 언덕에 부벽루(浮碧樓), 을밀대(乙密臺), 연광정(鍊光亭), 영명

50) 물색(物色): 자연의 경치.
51) 가려(佳麗): 모양이나 경치 따위가 매우 아름다움.
52) 삭립(削立): 깎아지른 듯이 서 있음.
53) 벽수(碧水): 짙푸른 빛이 나도록 맑고 깊은 물.

사(永明寺)의 승지가 있으니 풍경이 매우 좋아 유람하는 사람들이 매우 많다.

이 마을은 옛날에 단군이 처음으로 성을 쌓고 도읍을 정하여 인민에게 거처음식(居處飮食)하는 제도(制度)를 가르친 곳이다.

단군의 후에 기자(箕子)가 또 이 땅에 도읍을 정하시며 그 후에 고구려 또한 나라의 수도로 만들어 강성(强盛)을 이르니 이렇게 수천 년을 지나 한 나라의 도성(都城)이 됨으로써 번화함이 나라 중 유명하니 오늘날에도 서경(西京)이라 칭한다.

제25 공업

공업(工業)은 각종 천연물에 인력을 가하여 사람에게 유용한 물품을 만드는 것이다. 이를 자세히 말하자면 제자가 입은 의복은 목면(木綿)의 직물을 꿰맨 것이니 목면의 직물은 목면사[54]로 지은 것이고 또 그 목면의 실은 목면의 실(實)중에 있는 면(綿)을 뽑아 짓는 것이다. 이 목면을 뽑아 지어서 목면사를 만들며 목면사를 꿰매 직물을 짓는다. 또 직물을 꿰매 의복을 만드니 이 모든 일을 다 공업이라고 이른다. 그리하여 제자가 입은 의복은 목면사를 만들어 직물을 만들고 의복을 지은 여러 가지 공업으로 인해 이루어진 것이다.

모든 공업이 오로지 사람의 힘으로 되는 것이 아니다. 그리하여 옛날에도 면을 트는데 씨아[55]가 있고 실을 짓는 데 물레가 있었으니 이 모든 기구를 사용함에는 거대한 인력과 시간을 소비하였다. (그러나) 물품은 양호하지도 못하고 또 많지도 못하였다. 증기력으로 큰 기계를 움직여 솜을 틀고 지으면 극히 인력과 시간을 쓰지 않고도 매우 많은(多大) 실을 만들어낼 수 있으며 또 실도 극히 양호하다.

---

54) 목면사(木綿絲): 무명실.

55) 목화의 씨를 빼는 기구. 토막나무에 두 개의 기둥을 박고 그 사이에 둥근 나무 두 개를 끼워 손잡이를 돌리면 톱니처럼 마주 돌아가면서 목화의 씨가 빠진다.

이로서 오늘날에는 거의 대부분 증기력 등으로 기계를 운전하여 솜을 틀며 실을 만들어낸다. 이와 같이 거대한 기계를 움직여 각색의 것을 제조하는 공업을 기계공업(機械工業)이라고 하니 저 연돌[56]이 있는 공장은 다 기계공업을 하는 곳이다.

56) 연돌(烟突): 굴뚝.

제26 가선치

가선치(賈善治)는 프랑스(法蘭西)의 유명한 대학자다. 어린 시절부터 책을 좋아하며 또 산에 오르고 야변(野邊)에 나가 일월(日月)과 성진(星辰)보기를 좋아하였다.

그가 일곱 살이 되었을 때 더욱 천문(天文)을 좋아하였는데 어느 밤 그는 또래 네다섯 명과 함께 놀면서 하늘을 우러러 보았다. 맑은 거울(明鏡)같이 둥근 달(圓月)은 하늘 한 가운데 있고 밝은 광채가 대낮과 같은데 한편의 뜬구름이 바람에 불어 달 주위에 나니 구름 사이에 달이 있는 것 같았다. 또 달 위에 구름이 움직이는 것처럼 보였다. 이에 모든 아이들이 이를 보고 달이 움직이는 것이냐 구름이 움직이는 것이냐 하는 한바탕 논쟁이 벌어졌다. 모두가 말하기를 이는 달이 움직이는 것이고 구름은 다만 정처(定處)하여 (위치를) 옮기지 않았다고 말하였다.

가선치가 혼자 말하기를

"달도 움직이지 않는 것은 아니지만 그 움직임은 우리들의 눈에 보이지 않는다. 지금 저 달이 움직이는 것처럼 보이는 것은 구름이 움직이기 때문에 그런 것이다."

하였다. 다른 아이들이 이 말을 듣고 이해하지 못하여 자기 이야기를 주장하고 가선치의 말을 믿지 않았다. 이때 가선치가 모든 아이들을 큰 나무 아래로 이끌고 가서 한 나뭇가지 사이로 달을 보게 하였더니 과연 달은 나뭇가지 사이에 있어 움직이지 않고 그 움직이던 것은 구름이었다. 다른 아이들이 다 자기 말의 그릇됨을 알게 되었다.

제27 무역

세계 중에는 다수의 국가가 있으니 바다에 인접한 나라도 있고 산이 많은 나라도 있으며 또 더워서 일 년 내내 초목이 청청(靑靑)한 나라도 있고 추워서 눈이 사라지지 않는 나라도 있다.

그리하여 이들 국가에서 산출(産出)되는 물품도 또한 서로 같지 않다. 우리나라 같이 쌀을 많이 생산하는 국가도 있고 영국처럼 철석탄(鐵石炭)을 많이 생각하는 나라도 있으며 중국같이 차(茶)를 많이 생산하는 나라도 있다. 이외에 바다의 산물은 있고 산의 산물은 없는 나라도 있고 더운 토지에는 더운 토지의 산물이 있고 추운 토지에는 추운 토지의 산물이 있다.

그런 이유로 이들 나라는 각기 산물을 매매(賣買)하여 유(有)와 무(無)를 서로 교환함이 가장 필요하니 이와 같이 매매하는 것을 무역(貿易)이라 칭한다.

무역이 성(盛)하면 그 나라가 부해지고 무역이 성하지 못하면 그 나라는 가난해지니 지금 시대의 영국과 일본을 보아야 한다.

우리나라는 외국 무역이 성하지 못하여 다만 외국의 물품만 들어오고 내국의 물품을 내보내지 못하니 우리나라 국민된 자는 각기 집안의 생산(家産)을 근면히 하고 다량의 산물을 만들어 내어(作出) 무역을 성하게 하여야 한다.

제28 교활한 당나귀

한 사람이 장시[57]에서 소금(鹽)을 사서 당나귀(驢)에 싣고 집으로 돌아오는데 강물을 건너다가 당나귀가 차질[58]하여 물에 넘어지니 그 등의 소금이 많이 녹았다. 당나귀는 짐의 무게가 가벼워진 것을 기뻐하며 돌아왔다.

다른 날에도 또 소금을 지고 강물을 건너더니 당나귀가 또 전날의 일을 생각하고 물에 누웠다.

당나귀 주인이 이를 보고 당나귀의 행실이 미워 (당나귀에게) 벌을 주고자 하였다. 하루는 주인이 그 당나귀에게 털로 만든 물건을 싣고 강물을 건너게 하자 당나귀는 강물에 또 누워버렸다.

그러나 이번에는 짐이 가벼워지기는 고사하고 털이 물에 젖을수록 그 무게가 더 무거워졌다. 주인은 더욱 채찍으로 때려 겨우 집으로 돌아왔으나 당나귀는 거의 다 죽게 되었다. 무릇 사람도 간계(奸計)로 타인을 속이는 자는 한두 번은 득행(得行)할지 모르나 마지막까지 화를 면하지는 못할 것이다.

---

57) 장시(場市): 조선 시대에, 보통 5일마다 열리던 사설 시장. 보부상이라는 행상이 있어서 농산물, 수공업 제품, 수산물, 약재 따위를 유통시켰다.

58) 차질(蹉跌): 발을 헛디디어 넘어짐.

초등소학

국민교육회 著

권7

초등소학 권7 목차

제1 우리나라 옛날의 역사

우리나라가 고대에 군장[1]이 없어 인민(人民)은 순박하여 풀로 옷을 지어 입고 나무 열매를 먹으며 집안의 법도(制)가 없었는데 환인(桓因)의 손자 왕검(王儉)이 태어나 임금의 덕(德)이 생겼다.

이때에 나라 사람들(國人)이 (왕검을) 존봉[2]하여 왕으로 삼고 단군이라 칭하였다. 이것은 왕이 박달나무 아래서 태어나셨기 때문으로 나라 사람들이 이를 기념하는 뜻을 표현한 것이다.

왕이 국호를 조선(朝鮮)이라 칭하시니 그 뜻은 나라가 세계의 동방에 있어 아침 해가 뜨면 만물이 모두 곱게 비치기 때문이다. (왕은) 평양에 도읍을 정하시고 인민을 교화하시며 모든 제도를 세우셨다.

같은 시기 중국의 군주인 하우(夏禹)[3]가 도산(塗山)에서 주변 여러 나라(列國) 간의 회의를 개최하였다. 왕이 이에 태자(太子) 부루(扶婁)를 보내 참석하게 하여 서로 친밀하게 지내기로 뜻을 모으셨다.

대체로 한 개의 성(姓)만을 이어 나라를 전한 지 1212년이 되었을 때 마침 중국의 은(殷)나라 왕이었던 종친(宗親) 기자[4]가 중국으로부

1) 군장(君長): 원시 부족 사회의 우두머리.
2) 존봉(尊奉): 존경하여 높여 받듦.
3) 하우(夏禹): 중국 하(夏)나라의 우(禹)임금.
4) 기자(箕子, ?~?): 중국 상(商)의 군주인 문정(文丁 혹은 太丁)의 아들로 주왕(紂王)의 숙부(叔父)

터 오셨다. (기자는) 임금의 덕이 있어 나라 사람들 모두 그를 따랐다. 이에 왕이 자리를 물려주고 부여(扶餘)로 옮겨갔다.

기자는 성이 자(子)이고 이름은 서여(胥餘)이다. 조선왕 자리를 물려받아 왕위에 올라 국호를 조선으로 잉칭[5]하시고 평양에 도읍을 세우셨다.

인민을 예의(禮義)로 다스리시며 법전을 만드시고 모든 학술을 가르치시다가 왕이 돌아가셨을 때(崩) (사람들은 왕을) 태조문성왕(太祖文聖王)이라 했다. 무릇 역사 이래로 나라를 다스려 문화가 크게 나아가더니 나라를 이은 지 929년에 연나라(燕) 사람 위만[6]에게 수도를 빼앗겨서 왕이 금마군[7]으로 피했고 국호를 마한(馬韓)이라 고쳤다가 후에 백제에게 멸망되었다.

위만은 조선이라 자칭(自稱)하다가 얼마 지나지 않아 중국 한무제(漢武帝)의 공격을 받아 그 땅을 빼앗겼고 그 후에 고구려(高句麗)가 일어나 그 땅을 모두 회복하였다.

이다. 주왕의 폭정에 대해 간언을 하다 받아들여지지 않자 미친 척을 하여 유폐되었다. 상(商)이 멸망한 뒤 석방되었으나 유민(遺民)들을 이끌고 주(周)를 벗어나 북(北)으로 이주하였다. 이 때 기자가 유민들을 이끌고 한반도에 기자조선을 세웠다는 이야기가 있어 조선 시대까지 단군과 더불어 기자의 제사를 지내기도 했다. 본문은 이러한 '기자동래설(箕子東來說)'의 내용을 거의 그대로 반영하고 있다.

5) 잉칭(仍稱): 그 전(前)대로 이름.

6) 위만(衛滿, ?~?): 고조선의 한 국가인 위만조선의 창건자. 재위 기간은 B.C.194~B.C.2세기로 추정. 연나라 왕의 부장으로 있던 위만은 혼란기에 1천여 명을 이끌고 고조선의 준왕(準王)에게 거두어 줄 것을 요청했다. 그 뒤 세력을 키워, 왕위를 빼앗고 왕검성(王儉城)에 도읍을 정했다. 준왕의 통치 체제를 잇고 국호 역시 준왕 때의 '조선'을 그대로 사용했다.

7) 금마군(金馬郡): 전라북도(全羅北道) 익산군의 옛 이름.

제2 초목의 생장과 번식

두(豆)와 숙(菽)[8]의 종자를 땅에 심는 즉시 뿌리와 줄기가 자라며 잎과 꽃을 피워 결국 결실을 맺고 그 열매가 또 땅에 떨어지면 전(前)과 같이 새로 자라난다.

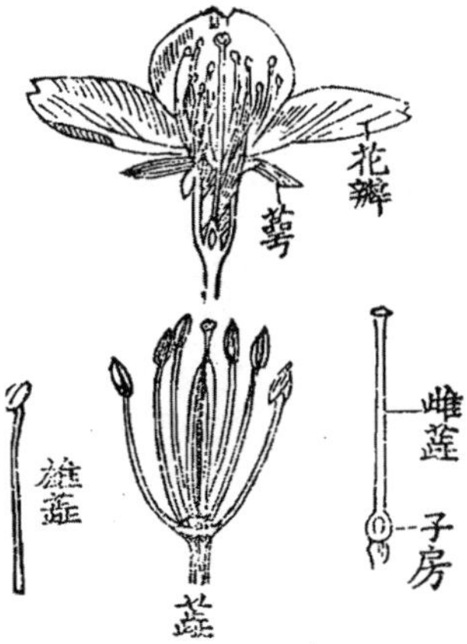

대개 초목은 거의 모두 이렇게 생장하기 때문에 뿌리와 잎이 모두 달려 있다. (초목은) 뿌리로 땅 속에 있는 수분을 빨아올리며 잎으로 공기 중의 탄소를 흡수하며 이 둘을 서로 섞어 그 몸을 기른다.

초목은 또 꽃과 열매가 있으니 꽃은 열매의 근본이요 열매는 다시 같은 초목을 새로 나게 한다.

지금 어떤 꽃을 하나 따보면 꽃 안의 정 가운데에 바늘 모양과 같은 꽃술이 있으니 이를 암술이라 부른다. 또 암술을 에워싼 바늘 모

8) 현대어에서 '두숙류(豆菽類)'란 씨를 식용하는 콩과의 식물을 통틀어 이르는 말이며 여기에는 땅콩, 완두, 콩, 팥 따위가 속한다. 그런데 숙맥(菽麥)이나 숙수(菽水), 녹두(綠豆)나 두유(豆乳)와 같은 예에서 알 수 있듯 '豆', '菽'은 각각 콩류 전체를 두루 이르는 말로 사용되는 것이 일반적이다. 교과서 본문에는 두와 숙이 구별되어 있으나 이 둘이 각각 어떻게 나뉘는지에 대해서는 정확히 알 수 없다.

양과 같은 다수의 꽃술을 수술이라 부른다.

암술의 바탕(이 되는 자방)은 열매의 모양을 만들고 수술의 끝에는 꽃가루가 있다. (이에 따라) 초목의 번성함은 사실 이 암술과 수술의 상호작용으로 수술의 꽃가루가 암술의 끝에 붙으면 암술의 자방이 점점 자라 여기에서 열매를 처음으로 맺게 되는 것이다.

꽃의 수술과 암술의 모양과 개수는 (꽃 마다) 다르지만 그 상호작용은 모두 같다.

제3 신체의 건강

동물은 항상 멈추어 있을 수 없고 끊임없이 운동할 수 있으며 우리는 동물 중의 하나이다. 여러분들 모두 기계를 보라. 지금 기계 한 대를 오래도록 사용하지 않으면 녹이 생겨나 폐기하기에 이르게 된다. 사람의 신체도 이와 같아 운동하지 않으면 병이 든다. 이렇게 때문에 위생에 주의하는 사람은 항상 그 신체를 건강하게 하기 위하여 매일 운동을 하는데 그 방법은 한 가지가 아니다.

하루에 몇 차례씩 산과 물가를 거닐거나 혹은 공을 치며 말을 달리고 자전거를 타며 각저[9] 혹은 포방[10] 연습과 병식체조(兵式體操)를 행한다.

이는 다 신체의 기혈(氣血)을 건강하게 하는 것임이 당연하지만 (신체의) 강하고 약함을 막론하여 그 기력에 넘치는 운동을 하게 되면 이익될 것이 없을 뿐 아니라 도리어 커다란 해가 생긴다.

사람이 신체가 건강하지 못하면 아무리 사업을 하고자 해도 이를 할 수 없다.

---

9) 각저(角觝): 우리나라 고유의 운동 경기의 하나. 두 사람이 서로 상대의 허리와 다리에 걸은 샅바를 잡고 갖가지 기술을 사용하여 상대방을 먼저 넘어뜨리는 것으로 승부를 겨룬다. 씨름과 유사한 경기.

10) 포방(砲放): 총포(銃砲)를 쏨.

옛말에 이르기를 건전한 정신은 건전한 신체에 있다하니 사람은 건전한 정신이 있어야 사람의 본분을 능히 다할 것이므로 건전한 정신을 얻고자 한다면 먼저 건전한 신체를 기르는 것이 옳다.

이로써 오늘날 문명한[11] 나라는 모두 신체의 양육에 주의를 기울이며 제 (나라) 학교에 넓은 운동장을 만들고 학도로 하여금 체조와 경주를 하게 한다. 이는 오직 그 신체를 건강하게 하기 위함이다.

---

11) 문명(文明)하다: 물질적, 기술적, 사회 구조적으로 발전되어 있다.

제4 공기

공기는 지구를 둘러싸고 있어 존재하지 않는 곳이 없지만 모양도 없고 색깔도 없어 눈으로 보지 못하며 또 손으로 만지지 못하기 때문에 (사람들은 흔히 이를) 전혀 없는 것으로 생각한다.

그러나 우리가 손을 공중에 급히 휘두르면 물체가 있어 우리의 손가락 사이를 흘러 지나간다. 또 여름의 무더위에 부채를 부치면 바람이 나와 우리 몸으로 분다. 또 근방에 있는 가벼운 물체가 부채를 따라 좌우로 흔들리는데 이는 우리 주위에 존재하는 공기가 흔들려 움직이기 때문이다.

우리가 항상 눈으로 볼 수는 없지만 귀로는 능히 들을 수 있는데 이는 바람이다.

대체로 바람은 대지에 가득 찬 공기가 태양의 열을 받아서 공중으로 상승하여 희박해 지면 다른 곳의 차고 밀도가 높은 공기가 급히 그 희박한 곳으로 흘러가면서 만들어진다. 저기 바다의 풍범선[12]은 이 풍력을 빌려 운행하는 것이다.

지구상에 존재하는 생물들은 모두 공기로 말미암아 그 생명을 보

12) 풍범선(風帆船): 돛을 달고 바람을 받아서 가는 배.

전한다. 그 중에 인류는 건강함과 병약함이 공기와 더욱 중대한 관계를 맺고 있다. 그러므로 사람의 사는 곳에는 항상 맑고 산뜻한 공기를 안으로 끌어들여 지저분하고 더러워진 공기가 남지 않게 해야 한다.

제5 동물 세 마리 이야기

사자 한 마리와 곰 한 마리가 숲에서 죽은 사슴 한 마리를 얻었을 때 두 동물 사이에 중대한 문제가 발생하여 평화의 우의가 사라지고 (두) 세력 (간)의 충돌이 일어났다.

오랜 시간에 걸쳐 한바탕 전쟁이 이어져 서로 날뛰고 큰 소리로 울 때 기혈이 쇠약해 져 승패를 가리지 못하고 (둘 다) 물러나 땅에 누웠는데 그때 마침 여우 한 마리가 숲에서 그 장면을 보고 별안간 뛰어나와 죽은 사슴을 물고 급히 도망쳤다. 이때 사자와 곰은 여우가 큰 이익을 좌수[13]했음을 보고 분노를 금치 못했지만 기진하여 숨이 고르지 못하고 움직일 수 없었기 때문에 어떻게도 하지 못하고 오직 소리만 지를 뿐이었다.

옛말에 이르되 조개와 도요새가 서로 다투어 어부가 그 이익을 좌수한다 했으니 어찌 이와 다를까?

대체로 어떤 사람이나 나라를 막론하고 서로 화합하지 못하여 싸움을 멈추지 않으면 그 결말은 반드시 다른 사람이든지 다른 나라에 이익을 주는 바가 된다.

---

13) 좌수(坐收): 가만히 앉아서 아무 일도 않고 이익(利益)을 거둠.

제6 장순과 허원

대개 국민 되는 자는 자기 나라를 사랑함이 자기 집을 위하는 것보다 두터워서 비록 위험한 재난을 당할지라도 그 몸의 죽음을 돌아보지 않고 충의에 죽음을 맞을 수 있다.

지금 장순과 허원[14]의 일을 잠깐 이야기하고자 한다.

오랜 옛날 중국의 당(唐)나라 현종(玄宗) 시대에 안록산이 당나라를 배반하여 군사를 이끌고 수도를 침범하여 현종은 촉(蜀)나라로 피신해 들어갔고 전국이 다 록산의 란(亂)을 당하여 투항하는 자가 많았다.

이때 수양(睢陽) 태수는 허원이었는데 그는 고립된 성(城)을 지켜 적병에 항거하였으며 옹구령(雍邱令)의 장순이 드디어 그 동지 뇌만춘(雷萬春), 남제운(南齊雲)과 함께 수양성에 들어와 힘을 합해 방어하고자 하였다.

이에 장순과 허원이 밤낮으로 적병에 대비하여 방비할 때 강개[15]

14) 장순(張巡, 709~757)과 허원(許遠, ?~757): 중국 당(唐)나라 때의 사람으로, 본문에 제시된 것과 같이 당현종 때 일어난 안록산의 난을 죽음으로써 막아낸 충신으로 유명하다. 특히 허원은 후대 사람들이 그의 충절을 기려 도교의 신으로 추앙되었다. 중국의 도교 신앙에서는 허원을 차(茶)의 신으로 받들여지고, 차의 주 산지인 복건성 일대에서 특히 그에 대한 신앙심이 강하다고 한다.

15) 강개(慷慨): 의롭지 못한 것을 보고 의기가 북받쳐 원통하고 슬픔.

한 언어와 충의의 지기[16]로 성 안의 사람들을 격려하여 대중의 마음이 성과 같이 견고했다.

적병은 더욱 여러 겹으로 포위하여 안팎의 소식을 통하지 못하게 하였으므로 밖에서 구원하는 군사가 없고 안에는 양식이 바닥나 모두 굶어 죽을 지경이었다.

그러나 장순과 허원 두 사람은 충의의 마음이 더욱 돈독해져 죽음을 결의하였지만 먹을 것이 없으므로 나무껍질과 새, 쥐를 잡아먹다가 마침내 성이 함락되었다.

적병이 장순과 허원, 그리고 모든 장수들을 포박하여 항복하라고 협박하였지만 장순과 허원, 그리고 모든 장수들은 (적들을) 크게 꾸짖은 뒤 조용히 죽음을 맞이했다.

16) 지기(志氣): 의지와 기개.

제7 전기

여름철에 뭉게뭉게 피어나는 먹구름은 순식간에 온 천하를 덮는다. 그런데 (때때로 먹구름에서) 별안간 섬섬[17]한 불꽃이 발생하며 굉굉[18]한 소리가 진동하는데 이는 구름 사이에 전기라 칭하는 것이 일어나는 것으로 그 굉굉한 음을 천둥이라 하고 그 섬섬한 빛을 전기라 부른다.

전기는 참으로 가공할 만한 것인데 만약 (전기가) 땅에 떨어지면 가옥을 부수며 나무를 부러뜨리고 또 사람과 가축에 격상[19]을 입히는 피해가 있기 때문에 옛날부터 사람들이 (이를) 매우 두려워했다.

그러나 오늘날에는 학자의 연구 결과 그 피해를 예방하기 위한 피뢰침이 발명되었다.

또 인공적으로 전기를 만들어내어 이를 금속으로 전도시켜 각종 편리한 쓰임새를 만든다. (예컨대) 먼 곳에 문자의 기호를 보내는 것이 전신이요 말소리를 통하도록 하는 것이 전화요 또 빛을 보내 밤에 비추도록 하는 것은 전등이요 길거리에 차를 운행하도록 하는 것

17) 섬섬(閃閃): 번쩍이는 모양.
18) 굉굉(轟轟): 소리가 몹시 요란함. 또는 그런 소리.
19) 격상(擊傷): '감전으로 인해 입은 상처'를 뜻하는 전격상(電擊傷).

이 전차이다.

전기는 이외에 공장의 기계를 작동시키며 값싼 금속의 위에 비싼 금속을 입히고 또 병을 다스리는 데도 사용된다.

제8 화원

화원은 좋은 화초를 기르는 곳이다.

좋은 화초를 기르려면 반드시 좋은 화초의 종자를 심어야 한다. 그러나 그 중에 잡초가 있으면 화초는 없어지기 때문에 화원을 돌보는 사람은 항상 잡초를 뽑고 화초를 길러야 한다.

남자와 여자 모두 학교에서 공부하도록 하는 것은 화원에 화초를 기르는 것과 같다.

교사가 가르치는 것은 학도의 마음에 좋은 종자를 심는 것이다.

저 악한 잡초는 심지 않은 것이지만 자연히 자라나 좋은 화초를 멸망시키니 만일 화초를 가꾸려면 잡초를 뽑아야만 한다.

학도의 정신 또한 이와 같아서 좋은 밭에 좋은 씨를 뿌리는 것만으로는 도리에 어긋난 말과 나쁜 생각이 생기는 것을 막을 수 없기 때문에 이를 자라게 내버려 두면 교사가 뿌린 본받을 만한 좋은 말은 사라지게 된다.

그러므로 선량한 사람이 되고자 한다면 모든 학도는 먼저 마음에 있는 악한 생각을 저 화원을 가꾸는 이가 잡초를 없애듯이 뽑아야 한다.

제9 비료

흙에는 자연히 초목의 양분이 되는 것이 다소간 존재한다. 저 산야에 자라는 초목은 오직 자연의 양분(의 많고 적음)으로 인해 똑같이 자라지 못하여 어떤 것은 무성하고 또 어떤 것은 시들기도 한다. 이는 그 양분의 많고 적음으로 인하여 흙의 성질의 기름짐과 메마름이 생겨나는 것이다.

그러나 곡물과 푸성귀 같은 것은 사람에게 소용되는 것이므로 짧은 시간에 최대한 자라게 하기 위하여 따로 양분을 주는데 이 양분을 비료(肥料)라고 한다.

비료에는 다양한 종류가 있다. 인분(人糞)과 부초[20]는 보통 널리 사용되는 것이고 그 외에 유재[21]와 석회(石灰) 등이 좋은 비료이다. 또 물고기와 짐승의 뼈를 갈아서 석회와 섞어 사용하기도 하는데 이를 인조비료라고 한다.

자양분으로 쓸 수 있는 대부분의 물질이 초목의 종류에 따라 다르기 때문에 어떤 초목에게는 척박한 땅이 되지만 어떤 초목에게는 (그 곳이) 매우 좋은 땅이 되기도 하니 비료도 초목의 종류에 따라 적

---

20) 부초(腐草): 썩은 풀로 된 거름이나 거름더미.

21) 유재(油滓): 동식물 유지의 채유 및 정제공정에서 부산물로 나오는 불순물.

당한 것을 선택해야 한다.

이와 같이 비료는 초목과 토지에 따라 차이를 두는데 이를 곧 학문상으로 구별하지 않으면 체득할 수 없다. 따라서 요즘 문명국에서는 농업대학교를 세우고 여기에 관한 제반 사업을 연구하여 그 원리를 투해[22]하여 실제에 응용한다. 따라서 여러분과 같은 청년들은 농업을 가볍거나 소홀히 여기지 말고 농부를 지위가 낮다고 하지 말아야 한다. 옛 말에 농업은 중요한 근본(大本)이라 했다.

22) 투해(透解): 통하도록 하여 널리 떨침.

제10 여우와 게

게 한 마리가 작은 냇가에 나와 둑 위를 다니는데 여우 한 마리가 이를 보고 비웃으면서 말했다.

"너의 걸음이 앞으로 가는 것이냐 뒤로 가는 것이냐? 이와 같이 다니면 둑 위에 오르는 데 두세 달도 넘겨 걸리겠다."

게가 대답하여

"네가 나를 비웃었는데 (그러면) 나와 경주해 볼까?"

라고 하자 여우가 크게 웃으면서,

"네가 나에게 경주하기를 청하니 가소롭구나. 어디로 가기를 원하느냐? 의주(義州)든지 동래(東萊)든지 네가 원하는 대로 하겠다."

(라고 말했다.)

게가 여우의 조급해함을 보고 잠자코 있다가 말했다.

"경주하기 전에 서로 약속할 것이 있는데 네가 내 앞에 서서 내가 '진행'이라고 구령하면 동시에 출발하자."

여우가 응낙하고 게의 앞에 서서 구령을 기다렸다. 이때 게는 가만히 여우의 꼬리 끝을 잡고 큰 소리로 '가자'고 구령을 했다.

여우가 평생의 기력을 다 쓸 만큼(의 속력)으로 달려 약속한 장소에 도착하였고 숨을 고르지 못한 채 오직 게가 걷는 것을 보려고 뒤

돌아섰다.

그때 여우의 꼬리 뒤에서 큰 소리가 났다.

"여우야 나는 여기 먼저 도착한 지 오래 되었다."

여우가 크게 놀라 뒤돌아보니 과연 게가 먼저 도착했다. 이에 여우는 이전에 게를 보고 비웃은 것을 도리어 부끄러워하면서 꼬리를 끌며 급히 달아났다.

제11 흉년예비

기근(饑饉)은 참으로 두려워할 만하다. 기근이 심하게 들면 사람들은 생풀과 생잎을 먹고 나중에는 나무뿌리와 나무껍질을 씹으면서 양심을 잃어 의롭지 못한 행위를 하기도 한다.

옛날에 큰 기근이 들었을 때 굶어 죽은 주검이 들(野)에 많았다. 그리고 금과 은을 상자에 가득 채우고도 곡식 한 말이 없다하였다. 반면 지금은 만국이 서로 통하여 무역이 성행하므로 어떤 나라가 불행하게 기근을 당하더라도 다른 나라로부터 곡물을 들여와 곤란함을 면한다.

그러나 이러한 때에는 곡식 값이 심하게 높아 금과 은이 없으면 또한 굶어 죽기에 이를 것이다.

기근은 갑자기 생기는 것이 아니고 반드시 2, 3년 전부터 재해로 인해 농작물이 완전히 영글지 못했기 때문인 즉 나중을 위해 예비하여 금, 은과 곡식을 저축해야 기근을 면할 것이다.

따라서 멀리 내다보고 깊이 생각하는 사람은 비록 풍년이 들더라도 항상 금, 은과 곡물을 저축하여 흉년에 대비하고, 조금이라도 방심하여 사치하는데 낭비함이 없도록 해야 한다. 이는 오직 한 개인에게만 필요한 것이 아니라 한 나라의 생존을 위하는 대계(大計)가 되는 것이다.

제12 청결

한 부유한 상인이 그 아이들을 가르치기 위하여 자기가 평생 경험한 바를 이야기했다.[23)]

“너희들 자세히 들어라. 내가 어린 시절에 부친께서 돌아가시고 오직 모친께서 홀로 어린 아이 셋을 데리고 생활하는 책임을 감당하셨으니 어찌 곤란치 아니 하셨겠느냐? 그때 우리가 먹을 것이란 극히 거칠고 나빴지만 모친께서 항상 친히 장만해 주셔서 그 맛은 매우 좋았다.

내가 12살 되었을 적에 모친이 신문 광고에서 어떤 상사(商社)가 아동을 고용한다는 것을 보시고 나에게 상사에 가 일하라 하셔서 나는 곧 상사에 갔다.

상사의 주인이 나를 보고 기뻐하며 면접하였으며 다른 모든 아이들은 물러가게 하고 나를 들인 것이다.

처음에 나는 사동이 되었는데 점차 주인의 신임을 얻어 마침내 고주(股主)가 되었으며 주인이 죽은 후에는 그 상사를 물려받기에 이르렀다.

---

23) 원문에는 아래 나오는 상인의 말이 따옴표로 처리되어 있지 않다. 그러나 내용의 흐름상 자연스럽게 하기 위하여 여기서는 이를 따옴표로 묶고 대화투로 바꾸었다.

나는 주인이 나를 특별히 쓰게 된 이유를 알지 못하여 일찍이 주인에게 물은 적이 있는데 주인이 답하기를 '면접을 하기 위해 먼저 온 모든 아이들은 비록 의복은 화려하나 손과 얼굴이 청결하지 못하였다. (반면) 너는 조악한 의복을 깨끗하게 빨았으며 또 손과 얼굴이 매우 청결하였기 때문에 너를 선택한 것이다'라고 했다.

지금 우리 집이 부유한 것은 당시에 모친께서 의복을 청결하게 해주셨기 때문이고 또 모친의 가르침에 귀 기울여 손과 얼굴을 청결하게 했기 때문이니 너희들은 이 말을 잊지 말아야 한다."

제13 낙숫물이 돌을 뚫는다

하루는 정길(貞吉)이 서재에 혼자 앉아 독본을 복습하는데 책의 쪽수가 많아 지루함을 견디지 못하여 실증이 나, 책상을 물리고 창을 반쯤 연 뒤 문지방에 기대 원경을 바라보았다. 때는 여름이자 장맛비가 내려 먼 산은 구름과 연기를 둘렀고 앞 시내의 물은 물소리가 잔잔(潺潺)하여 사람의 마음을 즐겁고 기쁘게 했다.

정길이 사방을 둘러보다가 낙숫물이 섬돌에 떨어지는 것을 보니 낙숫물이 연이어 떨어진 섬돌에 손가락을 넣을 수 있을 만큼의 작은 구멍 하나가 있었다.

정길이 이를 보고 참으로 이상하게 여기며 '낙숫물이 떨어지는 것은 매우 작은 물방울이고 섬돌은 단단한 물건인데 오랜 시간 동안의 낙수가 한 곳에 계속해서 떨어짐으로 인하여 자연스레 구멍을 만들었구나! 단단한 이 돌을 물이 능히 뚫었으니 만일 인내하는 마음과 차곡차곡 쌓는 노력으로 일을 한다면 무슨 어려운 일이 있을까? 장차 이것을 나의 좌우명으로 삼으리라.'라고 생각했다. 그리고 정길은 이를 계기로 옷깃을 다시 가지런히 하여 책을 읽었다.

이후부터 정길이 첨수천석(簷水穿石)이라는 구절을 항상 마음에 두어 생각하고 만일 어려운 일을 만나면 반드시 스스로 경계하여 꾸짖었다.

第14 신라 태조 혁거세

신라는 기(箕)씨 조선의 뒤를 이은 왕국이다. 개국의 기원은 서력(西曆) 기원 전 57년이며 이 나라 태조의 성은 박(朴)이고 이름은 혁거세(赫居世)이다. (태조가) 왕위에 오르실 적에 나이가 스물 셋이었고 호(號)를 거서간(居西干)이라고 했다.

이에 앞서 조선인이 해변과 산간에 나뉘어 살아 경주 지방에 육촌(六村)을 세웠는데 이는 진한(辰韓)의 육부(六部)라고 칭하는 것이다. 왕은 양산(陽山)에서 탄생했고 어린 시절에 고허촌(古墟村)에 사는 소벌공(蘇伐公)이 (왕을) 키웠는데 (왕이) 13살에 이르자 매우 성숙하고 신성하였다. 이때 육부의 인민이 마한으로부터 나와 왕을 세워 군장으로 삼고 국호를 신라라 하며 도성을 서라벌(徐羅伐)이라 불렀다. 오늘날 도성을 '서울'이라 함은 여기서 나온 말이다.

왕후는 알영(閼英)인데 알영정(閼英井) 근처에서 태어났기 때문에 알영이라 이름 지었다. (왕후는) 매우 어질고 성(聖)스러웠으므로 왕과 왕후를 일러 두 성인(二聖)이라 하였다.

왕이 나라를 다스리는 동안 교화가 크게 일어나 풍속이 매우 선하고 아름다웠다. 이런 까닭에 일본인이 침략해 들어왔다가 왕의 성덕(聖德)을 듣고 물러갔으며, 또 낙랑(樂浪)인이 습격해 들어왔다가 인민이 밤에 성문을 열고, 들에 곡식 쌓아 내어 놓는 것을 보고 스스로 감동하여 물러나기도 했다.

제15 난희의 이야기

하루는 난희(蘭姬)라 하는 여자 아이가 그 동생 문지신(文智信)에게 다음과 같은 일을 어떻게 할까 물어 그 지혜를 시험하였다.

"지신아, 옛날에 한 농부가 여우를 사로잡아 닭과 곡식을 함께 가지고 시장에 가서 팔려고 할 때 가던 길 중간에 큰 개천이 있었고 (개천을 건너는 길은) 오직 외나무다리만 있었는데 세 가지의 물건을 한꺼번에 가지고 건널 수는 없었어.

그 농부가 하나씩 옮기려고 하지만 만일 곡물을 먼저 옮기면 뒤에서 여우가 닭을 잡아먹을 것이고 또 여우를 먼저 옮기면 닭이 곡식을 먹을 것이니 어떤 물건을 먼저 옮겨야 할지 아무리 생각해도 좋은 방법이 없는 거야.

농부는 어떻게 하면 그 세 가지 물건을 조금도 상하게 하지 않고 안전하게 옮길 수 있을지 이슥토록 생각하다가 마침내 그 방법을 얻었다고 해. 지신아 너도 생각해 봐."

지신이 (이야기를) 끝까지 들은 뒤 의자에 가만히 앉아 묵연히 생각하다가 한참 뒤에 그 방법을 생각해 내었으므로 난희는 (지신을) 매우 칭찬하였다.

제16 사람의 직업

사람의 생활은 각자의 직업에 힘써 그 소득으로써 의식주 등을 준비하지 않는 것이 불가능하다. 가령 부자가 금전을 많이 저축했을지라도 (아무 일도 하지 않은 채) 손을 놀리며 한가롭고 편안하게 하루하루를 산다면 그 금전은 점점 흩어져 마침내 가난한 사람이 되게 마련이다. (부자도 이러한데) 하물며 애초부터 가난한 사람은 어떻겠는가?

따라서 사람은 어렸을 때부터 신분과 재능에 맞는 직업을 배워야 나중에 장성했을 때 응용할 기본을 만들 수 있다. 옛말에 이르기를 어려서 배우는 것은 나중에 행하고자 함이라 했다. 남녀 학도들아, 오늘에 근면하게 배워 후일에 (이를) 행하여라. 시간은 다시 오지 않는다.

집의 번창을 꾀하기 위해서는 유년의 아동을 각기 교육하여 후일에 직업을 갖도록 해야 한다. 오늘의 어린 아이는 장래의 성인이므로 (이들은) 집과 나라의 중요한 책무를 질 사람들이다. 집의 번창은 곧 나라의 번창이니 이는 나라가 집을 확대해 놓은 것이기 때문이다.

따라서 학생 여러분들은 어린 아이들로 자처하지 말고 각기 양 어깨에 짊어진 막중한 책임을 깊이 생각해야만 한다.

우리들은 무슨 직업이든지 각각 한 마음으로 근면하게 (일)하도록 해야 한다. 집이 부유해지면 나라가 부유해 질 것이니 집과 나라가 부유해지면 자기의 몸 또한 높고 귀해질 것이다.

제17 여우와 북

어느 날 이른 아침에 굶주린 여우 한 마리가 먹을 것을 구하러 사방으로 다니고 있었는데 이때 마침 닭 한 마리가 화원에서 벌레를 쪼아 먹고 있었다.

여우가 이 닭을 잡아먹고자 급히 달려갈 적에 그 머리 위에서 갑자기 큰 소리가 났다. (여우가) 크게 놀라 올려다보니 이는 나뭇가지 위에 북(鼓) 하나가 걸려 있어 바람이 나뭇가지로 북을 쳐 소리를 낸 것이었다.

그런데 이 여우는 옛날부터 지금까지 북이란 것을 본 적이 없었기에 지금 그 소리를 듣고 스스로 생각하기를 '이것은 살찐 짐승이다' 하고 급히 나무 위로 올라 북을 먹으려 하였다. 그러나 양 가장자리가 매우 딱딱하여 이빨이 들어가지 않아 힘을 다해 가죽을 찢으니 그 안에는 아무 것도 없이 텅 비어 있었다.

이에 여우는 마음이 상해 도로 땅에 내려와 닭을 먹으려 했지만 닭은 벌써 멀리 도망쳤으므로 여우는 할 수 없이 코를 땅에 대고 냄새만 맡고 다녔다.

이 여우는 큰 것을 먹고자 하다가 작은 것까지 잃어버렸다.

제18 석탄과 석유

오늘날 기차와 기선, 공장과 같이 거대한 증기력을 필요로 하는 데는 모두 석탄을 사용한다. 석탄은 그 모양이 돌과 같고 색깔이 검으며 그 성질은 잘 타고 높은 열을 내므로 크고 강한 힘을 얻고자 하면 반드시 이를 사용한다. 석탄은 오랜 옛날의 수목이 땅에 묻혀 오랜 시간 포개져 쌓이면서 돌처럼 된 것이므로 만일 석탄을 정밀하게 관찰하면 풀과 잎, 나뭇결이 여전히 남아 있(는 것을 볼 수 있)다.

세계적으로 석탄이 산출되는 지방은 매우 많다. 우리나라에서 또한 (석탄이) 산출되며 평양의 석탄 같은 것은 연매[24]가 없어 품질이 뛰어나 이들(평양) 탄광에서는 커다란 기기를 설치하여 (석탄을) 활발히 채굴한다.

석유는 간혹 석뇌유(石腦油)라 부르는데 땅으로부터 용출되는 기름이다. 이 물질은 사람들이 모두 알고 있는 것과 같이 악취가 있지만 잘 타므로 등유(燈油)로 사용되는 것이 가장 일반적이다.

석유는 처음 땅 속으로부터 뽑아 올리면 다갈색이지만 이를 정제하면 매우 맑아져 연료로 사용된다.

24) 연매(煙煤): 연기와 그을음.

최근 우리나라에는 아직 석유의 산출지를 발견하지 못하였으므로 우리나라에서 쓰이는 것은 모두 외국에서 들여오고 있다.

제19 꿀벌과 달팽이

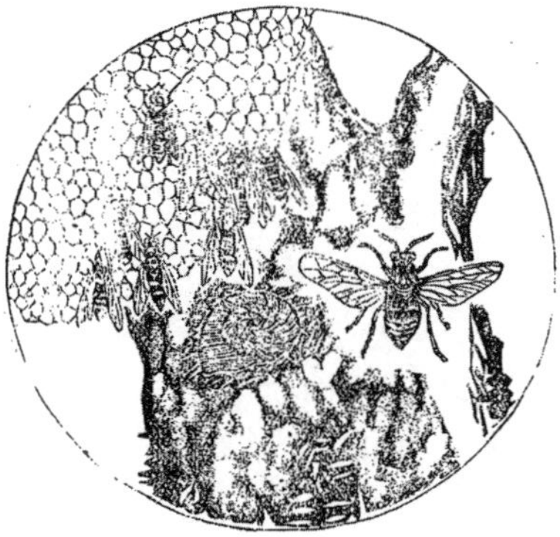

꿀벌은 재주가 있는 곤충이다. 꿀을 구하러 갈 때 그 집에서 5, 6리가 되는 곳이라도 능히 가서 꽃을 찾으며 돌아올 때 비바람을 만나면 꽃과 나뭇잎 사이에 의지하여 머물러 있다가 비바람이 그치면 돌아간다.

꿀벌은 꿀을 만들 뿐 아니라 밀랍을 만들어 솜씨 좋게 방을 만들고 그 안에 꿀을 보관한다.

달팽이 한 마리가 있어 꿀벌의 방 안을 향하여 들어가니 벌들이 모두 놀라서 (달팽이를) 집 밖으로 쫓아내려 하였다. 그러나 달팽이는 그 뒤에 껍질을 지고 있으므로 벌이 (침을) 쏘는 것을 두려워하지 않고 거드름을 피우며 움직이지 않았다. 이때 벌들은 한 가지 꾀를 내었다. 모든 벌이 힘을 다해 꿀로 달팽이를 목판에 단단히 붙여서 움직이지 못하게 하였더니 달팽이는 어쩔 줄을 몰라 하며 먹을 것을 얻지 못하고 마침내 굶어 죽었다.

대체로 벌은 한 마리 작은 벌레이지만 능히 묘한 꾀를 내어 재앙과 환란을 피하였다. 사람도 이와 같이 힘을 다하며 마음을 함께 해야 한다. (그리고) 그 단합함이 더욱 견고하여 비록 밖에서 (누군가 우리나라를) 업신여겨 침략하더라도 방어하기에 충분하도록 해야 할 것이다.

제20 여자 아이의 이야기

옛날에 술을 경계하는 연설자 한 사람이 학교에 와서 술을 경계하라는 연설을 한 뒤에 맹약서(盟約書)를 보여주면서 누구든지 이 지방에서 약간의 회원을 모집하려는 자가 있으면 이것을 주겠노라 했다. 이때 칠팔 세쯤 되는 여자 아이가 자기 자리에서 나와 이를 받고는 크게 기뻐하며 집으로 돌아갔다.

그날 밤 여자 아이의 부친은 크게 취하여 집에 돌아 왔다. (그리고) 여자 아이는 날이 밝기를 기다려 맹약서를 부친에게 보이면서 약속하기를 청하였다. 그러나 부친은 크게 화를 내고 그 여자 아이를 흘겨보면서 크게 꾸짖으며

"너는 무슨 이유로 이렇게 급하지도 않은 것을 들고 왔느냐?"

라고 말했다. 그러면서 커다란 주먹으로 아이의 머리를 때렸다. 여자 아이는 매우 아팠지만 오히려 맹약서를 굳게 잡고 놓지 않았다. 아이의 부친이 이를 보고 입 밖으로 꺼내지 않았을 뿐 마음속으로 자신의 과오를 뉘우쳤다.

이 여자 아이는 모친의 위로를 받고 그 날도 학교에 가 교사와 학우들에게 부탁해 다수의 동의자를 얻게 되었다. 그리고 집에 돌아가 그 맹약서를 모친에게 보이면서 스스로 기뻐하였지만 감히 부친에

게는 말하지 못하고 오직 (부친이 음주하는 것을) 뉘우치기만 기다렸다.

그러나 부친은 처음부터 끝까지 여자 아이에게 관심을 두고 있었으므로 그 마음을 기특하게 여겨 전(前)의 과오를 깊이 뉘우쳤다.

부친이 어느 날 아침에 여자아이를 불러 얼마나 많은 회원을 모았냐고 물었다. 그러자 그 여자 아이는 곧 자기 방에 가서 전에 (보여주었던) 맹약서를 부친에게 주었다. 부친이 이를 받아 그 인원을 셌는데 (그 동안) 여자 아이는 (부친이 자신의) 빰을 또 때릴까 두려워하였다. (그러나 부친은) 계산이 끝났을 때 화색(和色)을 보이며 "너는 벌써 150명을 모았구나." 하면서 노하지 않았다. 이를 본 여자 아이는 부친의 무릎 아래 앉아 부친에게 부탁하기를 "아버지께서 만일 가맹하시면 151명을 얻는 것입니다." 하니 그 부친이 곧 가맹하였다.

제21 고구려사

고구려 태조(太祖)의 성(姓)은 고(高)이고 이름은 주몽(朱蒙)이다. 처음에 부여(夫餘)의 왕 해부루(解扶婁)가 연로하도록 자식이 없었다. 하루는 왕의 말이 달아나 곤연(鯤淵)에 이르러 큰 돌을 마주하고 서 있었다. 왕이 (이를) 이상하게 여겨 큰 돌을 보자 돌 아래 어린 아이 한 명이 있었는데 (아이의) 낯빛은 황금과 같고 생김새는 개구리와 같았다. (아이를 본) 왕이 크게 기뻐하며 이것은 하늘이 짐에게 아이를 주신 것이라고 말하며 (아이에게) 금와(金蛙)라 이름을 지어주었다.

금와가 장성하여 태자가 되고 해부루 왕의 뒤를 이어 왕이 되었다. 왕은 유화(柳花)라는 여자를 아내로 맞아 왕후로 삼아서 주몽을 나았다. 주몽이라는 이름은 당시에 활을 잘 쏘는 사람을 부르던 말로 주몽이 활을 잘 쏘았기 때문이다.

주몽의 형제는 일곱이었지만 (나머지 형제들은) 재능이 주몽에게 미치지 못하였다. (그래서 나머지 형제들은) 아버지에게 참무[25]하여 (주몽을) 살해하고자 하였다. 이에 주몽이 가까이 여겨 신임하는 사람 3명과 함께 도망치고자 하였다. (일행이) 청하수(淸河水)에 다다르고 보니

25) 참무(讒誣): 없는 말을 지어 내어 남을 헐뜯음.

배가 없고 추격하던 병사들은 가까워졌다. 그러나 별안간 물속에서 물고기와 자라가 서로 모여 다리(橋)를 만들어 (주었고 주몽 일행이) 급히 (강을) 건넜다고 한다.

주몽이 드디어 졸본부여(卒本扶餘)에 도착하여 왕에 올랐으며 국호를 고구려라 칭하니 때는 신라 태조 혁거세 21년이었다.

왕이 사방을 정복하여 영토를 개척하고 위만에게 잃은 영토를 회복하며 중국의 땅을 차지하니 (그 세력이) 오늘날 중국의 성경(盛京)과 길림(吉林)에 이르렀다.

(고구려는) 이와 같이 나라를 세운 지 700여 년에 이르러 신라에게 망하였다.

제22 고래

동물 중에 가장 큰 것은 고래이다. 고래는 바다에 살며 외형은 물고기와 같기 때문에 어류라 칭하지만 실제로는 물고기와 유사한 점이 적고 포유류와 같은 점이 많다.

대개의 어류는 난생(卵生)이지만 고래는 태생(胎生)이며 물고기는 아가미로 물속의 공기를 호흡하지만 고래는 허파로 공기를 호흡하며 물고기의 혈액은 차지만 고래의 혈액은 따뜻하다. 이와 같은 점을 보면 (고래는) 어류에 속하지 않고 포유류에 속함이 분명하다.

고래는 몸길이가 보통 8~9장[26)]이고 둘레가 4~5장에 이르는 것도 있다. 머리는 매우 길고 크며 (머리의) 위쪽에 공기를 호흡하기 위한 두 개의 구멍이 있다. 고래가 수면에 떠 있는 것을 보면 섬이 별안간에 솟아오르는 것과 같고 호흡으로 인하여 물을 뿜어내는 것을 보면 갑자기 비가 내리는 것과 같다. 또 입에는 이빨이 없고 발(簾)과 같은 털이 있는데 이는 작은 물고기를 삼킬 때 입 속에 있는 물을 뿜어내고 물고기만 남겨두기 위한 것이다.

고래는 쓰임새가 많은 동물이다. 피부 아래에 두께가 한 척 쯤 되

---

26) 장(丈): 길이의 단위. 1장은 사람의 키 정도의 길이다.

는 지방이 있어 이를 취하여 등유를 만들면 매우 좋다. 고기 또한 그 아래 있어 기름과 고기 모두 인간의 음식으로 사용할 수 있다. 또 고래의 수염은 탄력이 매우 강하여 쓸모가 많다.

제23 우리나라의 명산

우리나라의 내지에는 산악(山岳)이 겹겹이 있어 지세가 험준한데 그 중에 가장 유명하고 높은 산이 매우 많다.

지리산(智異山)은 전라도 남원군에 있는데 우리나라 내지에서 제일 높은 산이다. 그 위치는 10여 군에 걸쳐 있고 가장 높은 봉우리에는 일월대(日月臺)가 있어 해와 달의 출몰을 자세히 관찰할 수 있다. 또 산의 북쪽 기슭에는 영은사(靈隱寺)와 군자동(君子洞)과 엄천강(嚴川江)의 빼어난 경치(勝景)가 있어 사람의 감정을 상쾌하게 한다. 또한 온 산에 소나무와 잣나무, 대나무가 창창하고[27] 밤(栗과) 감(柿)이 스스로 무르익는다. 산의 남쪽은 하동(河東)과 진주(晋州)와 접하고 있어 대해(大海)를 마주 하고 있다.

한라산(漢拏山)은 전라도 제주군 북쪽에 있는데 우리나라에서 두 번째로 높은 산이다. 산 위에 백록담(白鹿潭)이 있는데 물이 짙은 검은빛이라 가까이(에서 바닥을 자세히) 보기 어렵다. 또 시냇물의 가장자리에 금잔디가 빽빽하게 나있어 바람이 불면 음악을 연주하는 듯 하고 산 정상에는 눈(雪)이 사철 동안 녹지 않는 곳도 있다.

27) 창창(蒼蒼)하다: 나무나 숲이 짙푸르게 무성하다.

조령(鳥嶺)은 경상도 문경군에 있는데 우리나라에서 세 번째로 높은 산이다. 가장 높은 봉우리는 주흘봉(主屹峯)인데 (주흘봉은) 맑은 하늘을 찌르는 듯하다. 봉우리의 북쪽 기슭에는 혜국사(惠國寺)가 있고 온 산에는 소나무가 창창하며 약초(藥草)가 스스로 나고 질 만큼 인적이 드물다. 또 산의 일대를 따라 큰 길과 통하며 봉우리 꼭대기에 성을 쌓아 상, 중, 하의 세 문(門)을 세웠는데 이는 남쪽 지방으로 통하는 제일의 요충지이다.

금강산(金剛山)은 강원도 회양군에 있는데 우리나라에서 제일가는 명산(名山)이다. 온 산이 흰 돌로 되어 있어 기이한 모양이 하늘을 떠받치고 있는 듯하다. 가장 높은 봉우리는 비로봉(毗盧峰)이다. 또 (금강산에는) 사찰이 많은데 그 중에 유점사(楡店寺)가 가장 크다.

이 밖에도 (우리나라에는) 거대한 명산이 매우 많다.

제24 조광조

조광조[28]의 호는 정암(靜庵)이고 우리 중종(中宗) 임금 대의 현명한 재상이다. 모두들 우리나라의 역사를 공부할 때에 응당 알게 되었으리라.

중종께서 국가를 문명케 하고자 하셔 나라 안의 어질고 착한 사람들을 등용하실 때 조공(趙公)을 특별히 뽑으셔서 (조공의 벼슬은) 1년 만에 대사헌[29]에 이르렀다. 조공이 나라를 다스리는 황제(중종)이 은혜롭게 대해 주심에 감격하여 밤낮으로 국사(國事)에 마음을 다하다. 그리고 국가를 문명케 하기로 스스로 기약하여 옛날의 폐단을 없애고 새로운 개화를 하고자 하였다.

조공이 대사헌으로 법을 맡아 매우 공평하게 했으므로 인민이 모두 충심에 감복하여 문명한 다스림을 볼 수 있을 것이라 하며 남자와 여자가 각기 할 일을 나누어 하면서 오직 조공의 명을 깊이 신뢰하였다.

조정에서는 모든 간신이 자리에서 쫓겨나고 현량이 등용되었다.

---

28) 조광조(趙光祖, 1482~1519): 조선 중기의 문신. 본관은 한양(漢陽). 자는 효직(孝直), 호는 정암(靜菴). 한성 출생. 개국공신 온(溫)의 5대 손이며, 육(育)의 증손으로, 할아버지는 충손(衷孫)이고, 아버지는 감찰 원강(元綱)이다.

29) 대사헌(大司憲): 조선시대 사헌부의 장관으로 종2품의 관직.

그러나 쫓겨난 간신들이 비밀스럽게 황상에게 무고(誣告)하여 조공을 죽이도록 하기에 이르렀다. (이때) 조공은 국가를 사랑하며 군상에게 충성하는 마음이 조금도 변하지 않았다. 그리고 죽음을 맞아 노래를 지어 자신의 뜻을 보였다.

임금을 아비와 같이 사랑하고,	임군ᄉᆞ랑아비ᄀᆞᆺ고,
나라의 일 내 집의 일과 같이 걱정했네.	나라근심집ᄀᆞᆺ도다.
하토[30]에 비친 밝은 햇빛,	下土에臨한힌날빗,
거짓 없는 참된 정성 밝게 비추었네.	ᄇᆞᆰ게丹衷빗쵀엿다.

30) 하토(下土): 농사짓기에 아주 나쁜 땅.

제25 아동의 소망

어떤 집에 아이 삼형제가 있었는데 맏이는 맹길(孟吉)이고, 둘째는 중용(仲勇)이요 또 막내는 계철(季喆)이었다. 맹길은 지혜가 많고 중용은 성격이 온화하며 계철은 씩씩한 힘이 많았다.

하루는 부친이 세 아이를 데리고 시험하여 물었다.

"너희 삼형제는 나중에 어떤 사람이 되길 원하느냐? 각자 뜻을 말해 보거라."

이에 계철이 먼저 말했다.

"소자는 세계에서 견줄 만 한 자가 없는 영웅이 되고 나라의 제일가는 공신이 되어 나라의 문명과 위엄을 천하에 떨치고자 합니다."

(이어) 중용이 말했다.

"소자는 농업을 발달시켜 전국의 인민이 살림을 꾸려나가도록 만들고자 합니다."

맹길은 잠시 동안 생각해본 뒤에 말했다.

"소자는 상업을 공부하여 집안을 부유하게 만들며 나라를 부유하게 만들고자 합니다."

그 부친은 세 아이의 뜻을 듣고 크게 기뻐하며 다음과 같이 말했다.

"(너희들이 말한) 이것들 모두 참 아름다운 소망이다. 그러나 너희들이 이를 이루고자 하면 마땅히 뜻을 굳게 세우고 마음을 오로지 한 곳에만 집중하여 일해 나가야만 하느니라.

대체로 사람이 소망하는 바는 말하기 쉽지만 이루기 어려워서 매우 곤란한 시험이 중간에 여러 번 생겨나게 마련이니 이를 감내하는 것이 옳다.

옛날부터 유명한 사업가는 모두 곤고(困苦)함을 거치면서 그 마음을 단련하여 어떤 일을 당하더라도 조금도 의기가 꺾이지 않고 더욱 용기를 내어 앞으로 나아갔다. 옛 말에 이르되 '어떤 조직의 구성원이 되길 바라는 것은 사업을 성취하도록 하는 가장 앞선 방법이고, 곤고는 사업을 성취하도록 하는 훌륭한 스승이자 벗이라' 했으니 너희들은 마땅히 마음을 견고하게 해야만 한다."

제26 근면의 세 가지 결과

언덕 꼭대기의 상수리나무는 오늘날 거대함을 이룰 수 있었지만 처음에는 일개의 작고 미약한 상수리 열매로부터 난 것이다. 그 싹이 텄을 때는 매우 작으며 또 길고 커짐도 매우 더디나 날이 가고 해가 지나면서 마침내 거대해졌으므로 날아가던 새가 그 가지에 집을 짓고 소와 양은 그 그늘에서 쉰다.

산호섬(珊瑚島)은 태평양 해상에 떠 있는 섬이라고 여러분들 (모두) 들어 알고 있는가? 이는 매우 작은 무수한 산호충(珊瑚虫)이 해저에 있어 (산호충이) 그 껍질을 벗고 이것이 포개져 쌓여 잠시 쉬지 않은 채 무수히 많은 세월을 보낸 결과, 모래알 같이 작은 것이 마침내 바다 위에 큰 섬을 이루어 둘레가 수 천리에 이른 것으로 섬 위에 사람이 살 수 있게 된 것이다.

근면한 사람이 말하기를 책을 읽으면 책으로부터 크나큰 학문과 광활한 지혜가 밤낮으로 계속되고 세월에 의해 (이것들이) 포개져 쌓여 나로 하여금 세계적인 박학가(博學家)와 유용인(有用人)이 되게 해준다고 한다.

독서하는 여러분들, 여러분들이 독서하는 목적은 어디에 있는가? 오직 국가와 사회에 행복과 이익(福利) 되는 일을 만들기 위해 힘써야 할 것이다.

국가는 한 사람으로 완성되지 못하고 사람들 다수의 집합력(集合力)으로 만들어지는 것이다. 그러므로 여러분들은 국가를 이루었으니 각기 스스로 노력하여 장래에 짊어지게 될 국민의 의무를 다할 준비를 어린 시절부터 해야 할 것이다.

제27 단가

(1)

크고 큰 저 참나무
도토리에서 생겨났네.
땅 속에 깊이 묻혀
작은 싹이 차차 난다.
가는 뿌리 실과 같이
이리저리 얽히었고,
푸른 잎새 작은 가지
공중으로 솟아나서,
부지불식 몇 몇 해에
뿌리가 굳고 가지가 무성해졌다.
가지 위에 앉은 새는
좋은 소리 노래하고
그늘 밑에 소와 양
떼를 지어 피서하네.

크고큰저참나무
도토리로ᄉᆡᆼ겨낫네.
地中에깁히뭇쳐
적은싹이차차난다.
간ᄒᆞᆫᄲᅮ리실과ᄀᆞᆺ치
이리저리얼키엿고.
풀은입새적은가지
空中으로소사나셔.
不知不識몃몃ᄒᆡ에
根固枝繁ᄒᆞ얏도다.
가지우에안진새ᄂᆞᆫ
됴ᄒᆞᆫ소ᄅᆡ노ᄅᆡ하고.
그늘밋헤셧ᄂᆞᆫ牛羊
ᄯᅦᄅᆞᆯ지어피셔하네.

(2)

대양 중에 산호섬은	大洋中에珊瑚島ᄂᆞᆫ
작은 벌레가 지은 것이라.	적은벌네지음이라.
모래같이 작은 껍질	모래ᄀᆞᆺ치적은겁질
모으고 모아 또 모은다.	모고모며ᄯᅩ모은다.
낮과 밤을 쉬지 않고	낫과밤을쉬지안코
일심으로 집을 지으니	一心으로집을지니.
산도 되고 바위 되어	山도되고바회되야
나중에는 큰 섬 되었구나.	나죵에ᄂᆞᆫ大島되데.
새싹과 꽃나무 여기저기	草芽樹花여긔져긔
태양빛에 찬란하오.	太陽빗헤찬란ᄒᆞ오.
여러 힘을 모으고 모으면	여러힘을모고모면
못 할 일이 어디 있나.	못ᄒᆞᆯ일이어ᄃᆡ잇나.
쉬지 않고 부지런하면	쉬잔코부지런ᄒᆞ면
못 할 사업 없느니라.	못ᄒᆞᆯ사업업ᄂᆞ니라.

(3)

힘을 쓰오 힘을 쓰오	힘을쓰오힘을쓰오
힘을 써서 공부하오.	힘을쓰어工夫ᄒᆞ오.
예부터 문장가 사업가들은	古來文章事業家가
공부하여 되었으니,	工夫ᄒᆞ야되얏ᄂᆞ니.
낮에 배우고 밤에 읽어	낫에ᄇᆡ고밤에닑어
열심으로 쉬지 않으면,	熱心으로쉬지말면.
일취월장 절로 되어	日就月將졀로되야
유명한 이 되고 나네.	有名한이되고나네.
세월이 많다 해도	歲月이만타해도

한번 가면 오지 않소.
이내 몸이 작다 해도
국민 중의 하나이니,
우리나라 잘되려면
공부 않고 할 수 없네.

ᄒᆞᆫ번가면오지안소.
이내몸이적다해도
國民中의ᄒᆞ나이니.
우리나라잘되랴면
工夫안코ᄒᆞᆯ수업네.

제28 도끼

옛날에 열두세 살 된 아이가 생계를 이어가는 데 필요한 도끼를 잃어버렸다. (아이는 도끼를) 사방으로 찾아보았지만 찾지 못하였다. 어찌 할 줄 모르고 양쪽 눈으로 눈물을 흐리면서 소나무 뿌리 위에 홀로 앉아 탄식하며 '나의 도끼를 어디에서 찾을까' 했다.

이때 한 노인이 지팡이를 짚고 그곳을 지나다가 아이의 모습을 보고 (울고 있는) 까닭을 듣게 된 후에 위로하며 말했다.

"너무 근심하지 마라. 내가 혹시 너의 도끼를 찾게 되면 네가 네 도끼를 알아 볼 수 있을 것 아니냐? 오늘 아침에 내가 도끼 한 자루를 주웠다."

노옹(老翁)이 드디어 도끼 자루가 황금으로 된 것을 보여주면서 '이것이 네 도끼인가' 물었는데 아이는 그 금도끼를 보고 그렇다고 대답하려다가 갑자기 학교에서 (배운) '진실되게 행하라'는 말이 생각나서 이것은 자신의 것이 아니라고 말했다.

노인이 은으로 된 자루의 도끼를 보여주면서 전과 같이 물었는데 아이는 또 조금 전과 같이 대답하였다. 마지막으로 (노인이) 나무 자루 도끼를 보여주니 이는 자신이 잃어버린 것이었으므로 아이는 이것이 제가 잃어버린 것이니 금, 은 자루로 된 것보다 더욱 귀중한 것이라고 공손하게 대답했다.

노옹이 아이의 정직함에 매우 감탄하여 도끼 세 자루를 모두 주면서 (아이에게) 너는 정직한 남자이며 (네게) 정직함을 행한 상을 준다고 말했다. 이 노옹은 바로 그 나라의 왕이었다.

第29 곽재우

곽재우[31]는 선조(宣祖)[32] 때의 명인이다. 그때 일본이 큰 병사를 일으켜 우리나라에 쳐들어왔으나 우리 군은 거듭 패배하면서 나라의 형편이 위태로웠다.

이때 공(公)이 분개하는 마음과 충의의 기운을 이기지 못하고 큰 소리로 말하기를,

"성조(聖朝)께서 개국하신 지 200년에 (선왕의) 은혜와 덕택은 신민을 길러내셨다. 그런데 오늘날 국가에 큰 변고가 생겼으나 모두 자기의 몸만을 보전하고자 하고 국가는 걱정하지 않아 팔도 안에 단 한명의 남자도 용감하게 일어서지 않으니 어찌 만고의 수치가 아닐까."

드디어 (공은) 집안 중의 재산을 내어 놓으며 충의의 말로 사람들의 마음을 움직여 의병을 모집하였다. (이에 공을) 따르는 자가 구름과 같이 모여들었다. (공은 의병을 이끌고) 적병을 쳤는데 (공의) 슬기로운 계책과 용기 있는 지략은 실로 사람의 뜻 밖에서 나온 것 같았으

31) 곽재우(郭再佑, 1552~1617): 조선 중기의 의병장. 고향은 경상북도 의령. 본관은 현풍(玄風), 자는 계수(季綏), 호는 망우당(忘憂堂).

32) 원문에는 '의조(宜祖)'로 되어 있으나 이는 '선조(宣祖)'의 오기이다.

므로 적병을 무수히 크게 물리쳤다. 공이 전시(戰時)에는 항상 붉은 옷을 입었으므로 공이 가는 데마다 적병이 멀리서부터 바라보고는 별안간 도망치면서 (공을) 홍의장군(紅衣將軍)이라고 불렀다.

마침 일로 인하여 관직(官)에서 물러나 돌아갈 때 상소를 올려 말하기를,

"오늘날 나라의 형편이 위태하니 폐하께서는 마땅히 힘을 떨쳐 일으키셔서 중흥할 것을 꾀하시며 신하들 또한 마음을 합쳐 중흥을 도와합니다. 하지만 조정이 안으로 합심하지 못하고 있으니 국가는 망할 지경으로 위태롭고 (군신들은) 자기 욕심만을 채우고자 하니 어찌 통곡할 일이 아니겠습니까? 신(臣)이 비록 지금 벼슬에서 물러나 돌아가지만 변란(變亂)이 있으니 죽음으로써 나라를 지키고 감히 폐하를 저버리지 않겠습니다."

라고 했다.

초등소학

국민교육회 著

권8

초등소학 권8 목차

제17 외국인과의 교제

제18 세계 일주

제19 우편과 전신

제20 가축

제21 애국심

제22 태양과 태음

제23 22과의 계속

제24 화폐

제25 공공의 이익

제1 소금과 사탕

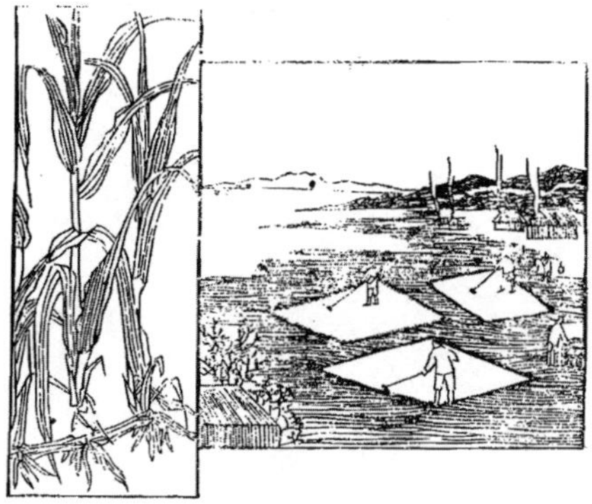

음식물에 짠맛을 더 해주는 것은 소금이고 단맛이 나게 해주는 것은 사탕이다.

우리들이 상시로 사용하는 소금은 모두 바닷물로부터 생겨나는 것인데 소금을 만드는 것은 바닷가에서 생활하는 사람의 일이다.

소금을 만들기 위해서는 먼저 바닷가의 땅을 골라 (이를) 소(牛)로 가는데 이것을 곧 염전이라 부른다.

조수(海潮)가 염전에 들어 왔다가 물러난 후에 보면 백설탕 같은 것이 모래 위에 보이는데 이것이 곧 소금이다. 이 소금 모래를 모으고 바닷물을 길어다 여기에 풀고 다시 그것을 걸러서 모래와 흙은 버리고 그 물을 솥에 끓이면 마침내 흰 눈 같은 소금이 완성된다.

우리나라는 반도국이라 동, 서, 남 삼면이 바다로 둘러싸여 있기 때문에 소금을 생산하는 곳이 많다. 그 중에 가장 유명한 것은 인천(仁川)과 남양(南陽)인데 예부터 (이곳에서) 훌륭한 소금이 산출되었다.

사탕은 주로 사탕수수의 즙으로 만든다. 사탕수수는 그 모양이 수수와 같아서 줄기가 길고 높다. 그 줄기의 즙은 (맛이) 달아 사탕의 성분이 많기 때문에 그 즙을 뽑아 냄비에 (넣어) 끓인 후에 이를 개량(改良)하여 곱고 아름다운 설탕을 만든다. 지금은 우리나라에 사탕을 만드는 사업이 아직 발달하지 못하여 외국으로부터 들여오고 있지만 우리나라의 토지와 기후가 매우 좋아 사탕제조에 적합하다.

제2 위생

아픈 사람 같이 가련한 자는 세상에 다시없다. 자기가 좋아하는 음식도 먹지 못하며 흥과 운치가 있는 놀이터(遊場)에도 가지 못하고 또 직업과 학업 등에 힘쓰지도 못하고 밤낮으로 침상 위에 누워 신음할 뿐이(기 때문이)다. 그러므로 위생에 주의하여 병이 생기지 않도록 해야 한다.

위생(적으로 생활)하는 법에는 여러 가지가 있겠지만 마실 것과 먹을 것을 삼가는 것이 제일 (가는 방법)이다. 먹을 것은 곡물과 고기와 야채 등을 함께 먹어 한 종류만을 먹지 말고 하루에 세 끼를 먹되 먹는 시간을 일정하게 하고 소화시키기 어려운 것이나 맛이 변한 것 등은 일절 먹지 말아야 한다. 또 냉수는 물론이고 탕(湯)과 차(茶)도 무분별하게 마시지 말아야 한다. 또한 주류(酒類)는 어떠한 것이든지 일체 마시는 것은 옳지 않으며 또 담배를 피우지 말아야 한다.

마실 것과 먹을 것에 버금갈 만큼 꼭 필요한 것은 운동과 휴식 등인데 충분히 운동을 하면 피가 원활하게 순환하여 먹은 것이 잘 소화되어 신체가 건강해 진다. 그러나 운동만 하고 휴식을 취하지 않으면 신체가 피곤하여 병이 생기므로 낮에는 근면하게 운동하고 일하되 때때로 쉬고 밤에는 완전히 휴식을 취하여 몸과 마음의 피곤함을 덜어 주는 것이 옳다.

사람의 신체에 때가 있으면 털구멍이 막혀 감기에 걸리기 쉽기 때문에 자주 목욕을 하여 청결하게 해야 한다.

또 사는 곳도 삼가는 것이 좋은데 땅바닥이 낮고 습한 곳이나 어둡고 찬 땅에 살지 말아야 한다. 또 집 안을 청결하게 하며 정원에 나무를 심어 호흡하는 공기가 맑고 신선하게 해야 한다. 간간이 음악을 듣고 화초를 감상하여 마음과 정신을 즐겁고 기쁘게 하며 항상 아침 일찍 일어나야 한다.

의복은 화려함을 좇을 것이 아니라 오직 깨끗하고 깔끔하게 하여 때가 끼어 더럽혀지지 않도록 주의해야 한다. 또 너무 작은 옷을 입지 말고 신체에 적당하게 (맞도록) 해야 한다. 허리띠를 너무 (단단히) 매지 않아 혈기가 순활할 수 있도록 해야 한다.

이와 같은 방법을 잘 지키면 건장한 사람은 더욱 건장해지고 병인이라도 병이 나아 장수를 누릴 수 있다. 사람의 몸이 모든 일의 근원이므로 자기의 몸을 지키는 것이 좋다.

제3 인체

사람 또한 동물 중의 하나이지만 저 새나 짐승, 물고기 등과 같이 어리석은 동물이 아니고 지혜가 있고 도리에 밝아 만물의 위에 위치한 동물이다.

인체의 밖을 둘러싼 것은 피부인데 피부는 집의 벽과 같아서 몸 안에 있는 각종의 물질들을 지키고 보호한다. 피부 아래에는 근육이 있는데 근육은 뼈에 붙어 있고 늘어나는 성질로 인하여 인체의 운동을 만들어 낸다.

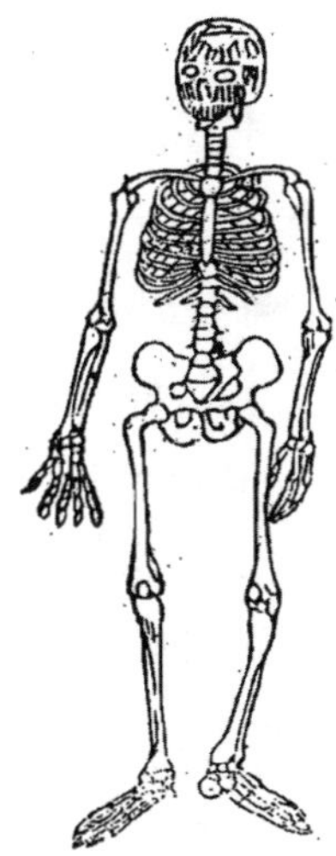

인체는 뼈가 있어 제대로 서게 되는데 이것은 집의 기둥이나 서까래 같은 것이고 그 중에 가장 큰 것은 척추뼈이다.

인체는 그 위치에 따라 크게 머리와 허리, 사지의 세 부분으로 나뉜다.

머리는 가장 중요한 것으로 그 안에는 신경 즉 뇌가 있다. 사물을 알고 도리를 밝히며 고통과 즐거움을 느끼게 하는 것이 모두 이로 인한 것이다.

허리는 가슴과 배로 나뉘는데 가슴 중에 심장이라고 하는 주머니

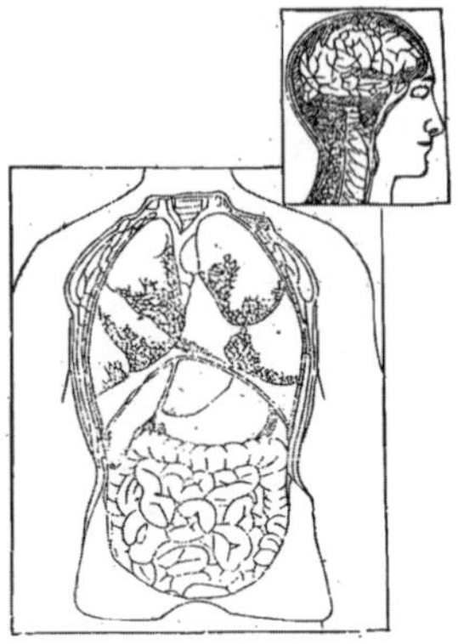

가 있어 좌측 젖가슴 아래 자리하고 또 폐라고 하는 주머니 두 개가 좌우로 위치한다.

심장은 피를 받아들이고 내보내는 기관으로 피는 온 몸에 양분을 공급하는데 (피는) 심장으로부터 나와 동맥 곳곳을 돌아 정맥으로 들어가 다시 심장으로 돌아오는 것이 보통이다.

폐는 공기를 호흡하여 피를 신선하게 만드는 기관이다. (폐는) 전신에 양분을 공급해주고 심장으로 돌아가는 불결한 피가 여기에 이르러 다시 선홍빛으로 되어 심장에 들어가 전신에 양분을 주게 된다.

뱃속에는 먹을 것을 받아들이는 주머니가 있는데 이를 위라 부르고 또 긴 관으로 둥그렇게 감긴 것이 있는데 이를 창자라 부른다.

위는 먹은 것이 소화되도록 하는 기관이다. 음식을 삼켜 내려 보내 (음식이) 위에 이르면 위는 염산즙(鹽酸汁)을 더하여 스스로 신축(伸縮)하면서 음식을 부드럽게 만든다.

이미 부드럽게 된 음식은 위에서 소장으로 내려간다. 이때 소장은 고즙(苦汁)과 감즙(甘汁)을 더하여 음식을 소화시켜 (음식을) 아래로 보내어 유즙(乳汁)과 같이 만든다. (유즙처럼 된 음식은) 모세혈관을 통해 피로 보내져 몸에 영양분을 공급하는 데 사용된다. (한편 영양분으로 되고 남은) 거친 찌꺼기[1]는 대장으로 내려가 마침내 몸 밖으로 나간다.

사지는 양손과 양발이다. 양손은 양팔의 끝에 있고 양발은 양다리의 끝에 있다.

---

1) "거친 찌꺼기"에 해당하는 말이 원문에는 '查滓'로 되어 있으나 '渣滓'의 오기로 보인다.

제4 송상현

대체로 국민 되는 사람은 자기의 국가를 사랑하고 보호함이 당연하므로 비록 살아 돌아오기 힘든 곳에 있더라도 국가를 위하여 자기의 생명을 아끼지 말아야 한다.

초년(初年)의 남녀들아, 우리나라는 예로부터 충의(忠義)를 숭상하는 것으로 유명한 충신이 매우 많았다. 여러분들은 으레 알겠지만 송상현(宋象賢) 또한 그 중 한 사람이다.

선조(宣祖) 시대에 일본이 대군으로 우리나라를 침략했을 때 송공(宋公)이 동래부사(東萊府使)가 되어 먼저 선봉장을 맡게 되었다.

그때 공은 강개(慷慨)한 말과 충의의 뜻으로써 성 안의 병사를 떨쳐 일으켜 죽음으로써 맹서하고 방어에 힘을 다했지만 아군의 숫자가 (적병과) 서로 대적이 되지 못하여 마침내 성이 함락되기에 이르렀다.

공은 평상시에 일본인과 교제함에 있어 예의를 다하였으므로 일본인도 또한 공의 두터운 은혜에 매우 감동한 터였다. (일이) 여기에 이르자 일본인이 공에게 은밀히 권하여 성 가운데 난 틈으로 도망치라 하고 (도망칠 수 있는) 성의 틈을 보여주었지만 공은 (이에) 응하지 않았다.

성이 이미 함락되자 공이 조의[2]를 가지런하게 입고 북쪽을 향하여 힘이 다하여 성이 무너졌음을 황상께 아뢰고 또 그의 노부(老父)께 편지를 보내어

"고립된 성에 달이 희미하니 방어할 방법이 없습니다. 이때(성이 함락된 때)를 당하여 (생각해 보니) 부자(父子)의 은혜는 가볍고 군신(君臣)의 의(義)는 무겁습니다."

하고 두려워하는 기색이 조금도 없이 의자 위에 편하게 앉아 죽음을 맞이했다.

대체로 누가 그 생명을 중요하게 여기지 않겠냐마는 국가의 주요한 임무를 맡아서 적병을 방어하다 힘이 다했을 때에는 마땅히 적병에게 죽임을 당할지언정 국가에 수치를 끼침은 결단코 옳지 않다. 여러분들은 뜻을 굳고 단단히 세워두어야 할 것이다.

---

2) 조의(朝衣): 공복(公服). 삼국 시대부터 관원(官員)이 평상시 조정(朝廷)에 나아갈 때 입던 제복.

제5 스코틀랜드 왕의 이야기

스코틀랜드(蘇格蘭)의 왕 부르스가 잉글랜드(英吉利)의 왕 에드워드와 전쟁을 하여 양국이 서로 원수가 되었다.

스코틀랜드 왕이 잉글랜드 왕과의 한바탕 싸움에서 크게 져 스코틀랜드 전국이 잉글랜드에게 점령당하였다.

부르스 왕은 잉글랜드 왕의 군사에게 잡힐까 두려워하여 산간 바위 틈의 굴과 나무 또는 오래된 교회에 홀몸으로 숨어 있었지만 (한 곳에) 오래있지 못하고 자주 (은둔처를) 옮겼다.

어느 날 저녁 부르스 왕이 오래된 교회에 갔는데 이때 왕은 몸이 매우 피곤하였고 또 심지와 담력이 떨어져 전국은 고사하고 자기의 생명도 또한 버리고자 하였다.

이에 왕이 짚단 속에 누워서 손으로 머리를 괴어 보지만 잠들지 못하고 지난 일과 앞으로의 일을 생각하여 헤아렸다. 그러면서 희미한 빛 속에서 서까래 끝에 거미의 그물을 우러러 보다가 시간이 조금 지나자 마음이 더욱 산란해졌다.

얼마 지나지 않아 거미 한 마리가 실을 토하여 이 서까래로부터 저 서까래 사이에 그물을 연결하고자 시도하였으므로 왕이 오직 여기를 주목했다. 이 거미가 약 열 두 번 동안 어려워하고 곤란해 하다가 (결국) 양쪽 서까래 사이를 왕래하는 재주를 얻었지만 (그 후에도) 오히려 쉬지 않고 다시 계속하여 마침내 (그 기술이) 매우 진보하였다.

이때 왕이 다리를 펴면서

"거미여! 열 두 번이로구나. 이는 나에게 한 번의 좋은 시험을 주어 환란(患亂)에 낙심하지 않도록 했다. 내가 사랑하는 국가를 위하여 나의 생명을 한 번만 더 위험에 내맡기겠다."

라고 말했다.

왕이 곧 오래된 교회를 떠나서 가깝고 믿을만한 추종자 몇 명을 모으고 흩어진 병사들을 불러 모아 잉글랜드가 점령한 포대(砲臺)를 쳐서 (이를) 빼앗았다. 그때 옛날의 장수와 병사(將卒)들이 점차 다시 모여 들었다. 왕은 힘을 떨쳐 잉글랜드 군사와 싸워 연전연승(連戰連勝)하여 (잉글랜드 군사를) 밖으로 쫓아내고 그 나라를 회복하였다.

제6 효심 많은 쥐

옛날에 한 여자아이가 살았는데 이름은 정순(貞順)이었고 성품과 행실이 좋지 못하여 항상 그 부모에게 효도하지 않았다.

어느 날 밤 정순이 서재에 앉아 책을 읽을 때 벽 아래로 난 작은 구멍에서 생쥐 한 마리가 머리를 내밀어 사람의 낌새를 살폈다.

정순은 이에 소리 내어 글 읽기를 멈추고 책상을 치우고 기척을 조용히 하며 그 (생쥐의) 상태를 보니 생쥐가 이리저리 살펴보다 방 가운데 있는 쌀가루를 본 후에 다시 구멍에 숨었다.

정순이 (생쥐가) 돌아간 것을 보고 의심하던 차에 이윽고 그 어미 생쥐 및 다른 생쥐와 (아까 그 생쥐가) 함께 왔다. 그리고 어미 생쥐는 구멍에 있고 생쥐 두 마리만 방 안을 다니면서 쌀가루를 모은 뒤 (이를) 먹지 않고 어미 생쥐 앞에 가져다 놓았다.

어미 생쥐가 (이를) 즉시 먹지 않고 오직 입으로 쌀가루를 찾으면서 어릿어릿하였는데 (정순이) 이를 자세히 보니 가련하게도 한 마리의 눈 먼 생쥐였다. 생쥐 두 마리가 먹을 것을 얻어서 봉양하고 있던 것이다.

정순은 '쥐는 미물인데 오히려 그 어미를 지극히 봉양하는구나'라고 생각하였고 자연히 그 마음이 감동하여 더욱 단정히 앉아 그 상태를 보았다. 이때 창밖에 갑자기 인기척이 났으므로 생쥐들이 크게 놀라 큰 소리를 질러 어미 쥐에게 (위험함을) 알려 급히 구멍 속으로 들어가게 했다.

이후로 정순은 이제까지의 악함을 모두 반성하고 뉘우쳐 그 부모를 지극한 효심으로 모셨다.

제7 백제의 간략한 역사

백제는 신라와 고구려와 함께 동시에 존재하였으므로 삼국(三國)이라 부른다.

그 시조는 고온조(高溫祚)인데 (온조는) 고구려의 시조 주몽의 아들이다. 온조가 그의 형인 유리(類利)와 서로 잘 지내지 못하여 (둘째형) 비류(沸流)와 함께 도망쳐 달아났는데 이때 그 신하인 오간(烏干)과 마려(馬黎) 등 10인이 (그 뒤를) 따랐다.

온조와 비류가 한산(漢山) 부아악(負兒岳)에 올라 거처할 만한 땅을 바라보았다. (그러던 중) 비류는 바닷가에 살고자 하니 열 명의 신하가 간언하여 "오직 한강 이남의 땅은 북으로 한강을 두르고 동으로 높은 산에 기대며 남으로 비옥한 못을 바라보며 서로 큰 바다에 막혀 있으니 마땅히 여기에 사는 것이 옳습니다." 하였다. 그러나 비류는 (이를) 듣지 않고 백성을 나누어 미추홀(彌鄒忽)에 거처를 정하였으며 미추홀은 현재의 인천(仁川)이다.

이때 온조는 남은 백성을 이끌고 마한(馬韓) 왕에게 갔는데 왕이 (온조를) 하남 위례성(慰禮城)의 성주로 임명하였으며 온조가 드디어 (그곳에) 나라를 세워 십제(十濟) 칭하고 스스로 왕이 되었다.

비류가 미추홀에 살다가 십제에 와서 보니 십제는 성이 단단하고 백성이 부유하였으므로 자기가 사는 곳은 땅이 습하고 물이 짜서 편히 살 수 없음을 분하게 여기며 부끄러워하다 병사(病死)하였다. (이에) 비류의 백성이 모두 십제로 옮겨 왔다.

십제는 후에 국호를 백제(百濟)라 칭하여 신라와 고구려와 항상 전쟁을 하다 나라를 세운지 675년에 신라에 합쳐졌다.

제8 상업의 필요

전(前) 과(課)에서 이미 상업에 대해 논하였거니와 상업은 사람의 직무(職務)에 제일 긴요한 것이다. 사회에서 (상업이) 하루라도 없다면 (사회의 운영이) 불가능하다.

국가의 번창이 이것으로 말미암으며 인민의 풍부함도 이에 말미암는다. 옛날의 그리스(希臘國)는 상업이 발달하여 국력이 부강했으므로 예로부터 유명하고 오늘날의 잉글랜드(英吉利國)도 상업에 힘써 (상업 기관을) 도처(到處)에 확장(擴張)함으로써 나라가 강하고 백성이 부유한데 이는 우리가 귀로 듣고 눈으로 본 바와 같다. 상인을 실업가(實業家)가 부르니 우리들이 매일 사용하여 필요로 하는 의식주 중 하나라도 실업가에게 의지하지 않는 것이 없다.

대개 상업은 일종의 화평한 전쟁이다. 전장에서 전쟁 물자를 미리 준비하는 것과 같이 상업에서도 자본을 준비해야 하고 전장에서 군수 물자를 우수하게 만드는 것과 같이 상업에서도 신용을 중요시해야 한다. 전장에서 계책을 사용하는 것과 같이 상업에서도 세상에 대한 이해와 현재의 정세를 살펴야 한다. 만일 전쟁이든지 상업이든지 앞에서 (언급한) 몇 가지 일을 하지 않으면 반드시 패함을 볼 것이다.

돌이켜 생각해 보라. 세계 열국이 서로 교통하는 것은 우리가 이웃집에 가듯 이루어지니 이러한 때를 맞아 변천하는 형세를 따르지 않고 옛날과 같이 평화롭고 한가함을 따른다면 결코 국가를 보존하여 평안한 행복을 누릴 수 없다.

예전에는 우리나라가 외국과 교통한 것이 오직 중국과 일본뿐이었기 때문에 통상도 이 양국에 지나지 못하였는데 오늘날에는 세계 열국과 교통하여 상업이 성하니 마땅히 마음과 힘을 다하여 서로 경쟁하는 하나의 시장에(서) 자리를 (차지)해야 할 것이다.

상업을 오직 매매(賣買)하는 것으로만 알지라도 개중에는 학문을 필요로 하므로 시세의 변천에 밝아야 완전한 상업가가 될 수 있다.

제9 도깨비불

정길(貞吉)이 그의 친구 동진(東鎭)과 함께 여름밤에 산 속 채마밭에서 채소를 캤고 있었다. 그런데 갑자기 숲 속 오래된 무덤 (근처의) 땅에서 한 줄기 청백의 불빛이 나타나 긴 꼬리를 드리우고 완완히[3] 저쪽으로 날아가다가 이쪽으로 날아와 긴 줄 같이 늘어나기도 하고 횃불과 같이 모이기도 하며 우박과 같이 흩어져 내리기도 하였다.

두 아이가 그 모양을 보고 옛날부터 지금까지 전해오는 말로 도깨비불이 있다는 것을 들었으므로 도깨비불이 아닌가 의심하니 몹시 두려워하는 마음이 크게 들어 급히 집으로 돌아왔다.

집에 돌아와 가쁜 숨을 진정시키지 못하고 정길이 그 부친에게 이 사실을 알렸는데 부친은 크게 웃으면서

"이를 두고 사람들은 도깨비불이라고 부르지만 사실은 인화(燐火)라고 하는 것인데 고골[4]과 썩은 초목에서 발생하는 기체가 스스로 타는 것이니 무서워할 것이 없느니라. 인화의 색깔은 청백색인데 (이것이) 사람과 사물을 비추면 맑은 금색을 띠며 (인화) 하나가 바람으로 인해 여러 갈래로 나뉘기도 하고 또 여러 갈래가 다시 하나를

---

3) 완완(緩緩)히: 동작이 느리고 더디게.

4) 고골(枯骨): 죽은 뒤에 살이 썩어 없어진 뼈.

만들기도 하니 이것은 인의 성질 (때문)이다. 사람이 이것을 도깨비불이라 부르고 심한 사람은 또 귀신 소리가 있다고 하는데 이것은 자기가 자기에게 속는 것이다. 도깨비불이(라는 것이) 원래 없는데 어찌 귀신 소리가 있겠느냐? 너희들은 어리석은 사람의 말에 미혹되어 믿지 말아야 한다. 내일 너희들이 나와 함께 가서 이를 볼 것이다."

(하고 말했다). 그 다음날 정오에 정길의 부친이 정길과 동진을 데리고 어젯밤에 인화가 나타났던 오래된 무덤을 찾아가 보니 흰색의 연기가 피어올랐다.

그날 밤에 정길의 부친이 두 아이를 다시 데리고 그곳에 가보니 과연 여전히 청색빛깔 불이 나타났다. 정길의 부친이 급히 (다가)가 이를 잡으려고 할 때 인이 갑자기 사람을 떠나 가까운 곳으로 멀어지고 사람이 움직이면 역시 움직이며 사람이 (움직이기를) 그치면 역시 그쳐 (사람에게) 이르지 못하였다. 급히 (다가)가 좇으니 별안간에 흩어져 사라져 여러 갈래로 나뉘더니 원래 있던 곳을 보니 또 한 줄기 불빛만 일어나고 있었으므로 (과연) 정길 부친의 말과 같았다. 두 아이는 도깨비불이 근거가 없음을 깊이 믿게 되었다.

제10 1년의 달과 날

오늘은 1월 1일이고 새 해의 시작이라 매우 기쁜 날이다. 사람마다 일을 쉬며 음식을 풍성하게 차리며 옷을 화려하게 짓고 집집마다 문에 태극기를 높이 달고 서로 경사스러운 일을 축하한다.

새해가 되어 이와 같이 기쁘고 즐거운 것은 나이가 더해짐을 위한 것인가, 그 옷을 화려하게 하고 음식을 풍성하게 준비함을 위한 것인가? 이는 오직 우리의 지혜가 늘어나서 가정과 국가에 행복과 이익이 되는 사업이 번성함을 축하하는 것이다.

사람의 어린 시절은 초목의 어린 시절과 같아서 그 기(氣)는 완전하지만 힘은 연약하다가 장성함에 따라 가지와 잎이 무성하게 나고 열매를 맺는 것과 같이 사람도 해가 점점 지나면 기골이 장대해지고 지혜가 발달하여 좋은 공부를 능히 성취할 수 있게 된다.

이러한 까닭으로 신년이 되면 지식이 더욱 확장되어 지난해의 공부를 마치고 새 해의 사업으로 나아가며 어제의 악함을 고치고 앞으로의 착함을 향하는 것이다. 만일 그러하지 않으면 고목(古木)과 같이 껍데기만 있을 뿐이니 무슨 축하를 한단 말인가?

오직 아이들은 즐겁게 놀기 위하여 새 해가 되기를 기다리는데 남자는 지연(紙鳶)을 날리고 윷(柶)을 던지며 여자는 널뛰기를 한다.

1년의 달과 날은 열두 달에 365일이고 윤년(閏年)은 1일이 더해진다. 1개월은 크게는 31일이고 작게는 30일이며 오직 2월은 평년(平年)의 경우 28일이고 윤년의 경우 29일이다.

사람의 일생은 사시(四時)와 같아서 어리고 젊었을 때 공부를 근면히 하며 사업을 꾸려가지 않으면 늙은 후에 반드시 배고픔과 추위에 빠져 구제하는 사람이 없을 것이다. 오랜 옛날 하우씨(夏禹氏)는 촌음(寸陰)을 아꼈다고 한다.

제11 정부

우리 인민이 산업을 운영하는 데 있어 안심하고 생활할 수 있는 것은 무엇에 힘입은 것인가? 이는 우리가 스스로 생산을 경영할 뿐만 아니라 생산한 것을 보호하는 자가 있기 때문이다. 이는 오직 황상폐하(皇上陛下)께서 설치하신 정부(政府)이다.

정부는 황상의 위임을 얻어 임금의 명령과 법률을 받들어 행하여 인민의 생명과 재산을 보호하며 여러 가지 권리를 보호하여 인민으로 하여금 안전하게 생활하도록 한다.

그러므로 나라에 정부가 있으면 어떠한 악인(惡人)이 있더라도 우리의 생명과 재산과 자유를 침범하여 해를 입히지 못한다. (그러나) 만일 정부가 없으면 인민의 생명과 재산을 유지할 수 없을 것이다.

우리나라의 정부는 내부(內部), 도지부(度支部), 군부(軍部), 법부(法部), 학부(學部), 농상공부(農商工部) 등으로 이루어져 있고 그 위에 의정부(議政府)가 있어 (이들을) 모두 총괄하며 이를 중앙정부(中央政府)라 부른다. 이 밖에 전국을 13도(道)와 다수의 부군(府郡)으로 구분하는데 각기 지방에 관청을 세워 (각 관청이) 중앙정부의 명을 받아 정무를 행하며 이를 지방관청(地方官廳)이라 한다.

이렇듯 다수의 관청이 있기 때문에 여기에 속한 관인(官人)도 제법 많아 정부는 어마어마한 비용을 필요로 하며 그 비용은 전국을 보호하기 위한 것이다. 우리국민이 이를 부담하여 세금을 납부하니 이를 국민의 납세의무(納稅義務)라 한다.

제12 워싱턴

워싱턴(華盛頓)은 지금으로부터 100여 년 전에 영국의 굴레를 벗어나 북미합중국(北米合衆國)을 독립시켰으며 대통령 제도를 만든 인물이자 합중국의 제1대 대통령이다. 그의 어린 시절 있었던 일을 한 가지 소개하고자 한다.

워싱턴이 어렸을 때 그 부친이 (그에게) 작은 도끼 하나를 주었다. (워싱턴은) 매우 기뻐 (도끼의) 날카롭고 무딘 정도를 시험하고자 정원에 있는 나무들을 베었는데 그때 그의 부친이 스스로 심고 매우 아끼던 앵두나무를 쓰러뜨렸다.

부친이 앵두나무가 넘어진 것을 보고 마음이 언짢아 워싱턴을 불러서 누가 나의 사랑하는 앵두나무를 베었냐고 물었다.

워싱턴이 비로소 자기의 잘못함을 깨닫고 공손하게 대답하여 소자는 부친을 속이지 못하니 이는 사실 제가 작은 도끼를 시험하기 위해 베었다고 말했다.

부친이 크게 기뻐하며 워싱턴을 어루만지며 말하기를 네가 거짓말을 하지 않았으니 정원의 많은 나무를 모두 베었을지라도 너의 진실함이 아름답다고 하며 질책(할 일)을 기쁨(기뻐할 일)으로 바꾸었다.

제13 사민

옛날에 인류의 문화가 아직 개명(開明)하지 못한 시대에는 국민 간에 계급이 있어 사농공상(士農工商)을 네 등급으로 구별하여 사민(四民)이라고 불렀다.

선비(士)의 집안에서 태어난 사람은 대대로 선비가 되고 농공상의 자손은 항상 농공상에 종사하였다. 그 중에 선비가 가장 귀하고 농공상은 선비가 지배하는 바가 되어 비록 선비가 불법적인 일을 하더라도 (농공상은) 어찌하지 못하였다.

그러므로 한 나라를 다스리는 정부의 관인 (자리)은 모두 선비가 독점하였다. (그리하여 관리를 선발할 때) 사람의 좋고 나쁨으로 고르지 못하고 오직 그 지체와 문벌의 귀천만을 볼 뿐(이며) 농공상 중에는 비록 어떠한 영준[5]의 재목이 있어도 (그를) 구하여 쓰지 않았다.

대개 국가는 인민으로 성립하기 때문에 인민은 국가의 근본이 되며 국가의 부강은 인민의 합심과 병력(並力)에 있다. 그럼에도 불구하고 계급으로 인하여 서로 간에 이익과 손해의 관계가 같지 않아 결국에는 국가를 전국(全國)의 국가로 인정하지 않고 오직 소수(少數)

5) 영준(英俊): 영민하고 준수함. 또는 그런 사람.

관인의 국가로 알기에 이르니 (이는) 다만 국가의 발달에 방해가 될 뿐만 아니라 인민의 자유에도 합당치 않다.

그러나 오늘날에는 사민의 구분이 없고 다만 (모든 인민이) 동등한 권리를 가지고 동등한 지위에 있으니 어떠한 사람이라도 국가의 법률을 잘 지켜 직업에 힘쓰고 국가의 발달을 계획하여 도모한다면 모두 선량한 국민이라고 부른다.

우리의 권리와 자유는 법률 (상)의 규정을 얻어 완전하게 이루어졌으니 여러분들은 국법의 범위 안에서 여러분의 자유와 권리를 행사해야 한다.

제14 삼학사의 충절

인조(仁祖) 대에 청나라 군사가 우리나라를 침입하였다. (이에) 우리정부는 청나라 장수와 평화조약을 맺어 양국이 각기 강토를 넘어 상대를 침범하지 말고 나라 사이의 안녕을 유지하고자 하였다.

그 후 십년이 지나 청나라 황제가 평화 조약을 어기고 대병(大兵)을 이끌고 쳐들어왔다. 그때 청나라가 중국 명나라를 멸망시키기 위해 먼저 우리나라를 침략하였는데 그 기세가 매우 맹렬하였다.

그러나 우리나라는 예로부터 병력(兵力)으로 외국을 방어하여 국가의 독립을 지켜왔으므로 인민 모두 적개심(敵愾心)이 충만할 뿐만 아니라 문화가 보급되어 충군애국(忠君愛國)의 뜻이 국민의 용기를 북돋았다.

이때 전국의 인민이 모두 청병과 결전하고자 하여 의병이 사방에서 일어났지만 전쟁은 흉사(凶事)이므로 생명에 큰 해가 됨을 돌이켜 생각해 보면 양국 간의 평화를 귀중히 하는 것만 못하였다. 이에 정부에서 청나라 황제와 평화 조약을 바로잡았다. (이때) 전국의 지사는 청나라 황제가 약속을 어긴 것에 분노하며 (청나라 황제를) 미워했고 정부가 전쟁을 피해 평화롭게 지내고자 함에 반대하여 불평하는 마음이 더욱 격렬해졌다. 그 중에 가장 유명한 사람이 홍익한,[6] 오달제,[7] 윤집[8] 등 세 명이니 이들을 삼학사(三學士)라 부른다.

삼학사는 청나라와 교전하여 평화조약에 항거하고자 하였지만 그 뜻이 받아들여지지 못했고 마침내 청나라의 포로가 되었다.

(포로가 되었을) 당시 삼학사는 소년이었지만 그 충절만은 가히 일월(日月)과 빛을 다툴 정도[9]였다. 청나라 황제가 여러 가지 방법으로 달래어 설득했지만 처음부터 끝까지 오직 한 가지 충의로써 (이를) 거절하여 굴복하지 않다가 마침내 청나라 황제로부터 죽임을 당했다.

대체로 국민 되는 사람은 모두 충성과 사랑을 다 하는 것이 그 직분이다. 어린 학생들은 모두 삼학사를 본받아 비록 죽을 처지에 놓이더라도 원래부터 품을 뜻을 바꾸지 말아야겠다.

---

6) 홍익한(洪翼漢, 1586~1637): 조선 중기의 문신. 본관은 남양(南陽). 초명은 습(霫). 자는 백승(伯升), 호는 화포(花浦)·운옹(雲翁). 1624년 정시문과에 장원으로 급제한 뒤 사서(司書)를 거쳐, 1635년 장령이 되었다.

7) 오달제(吳達濟, 1609~1637): 조선 중기의 문신. 본관은 해주(海州). 자는 계휘(季輝), 호는 추담(秋潭). 1627년 사마시(司馬試)에 합격, 1634년 별시 문과에 장원으로 급제하였다. 전적(典籍)·병조좌랑·시강원사서(侍講院司書)·정언(正言)·지평(持平)·수찬(修撰) 등을 거쳐, 1636년에 부교리(副校理)가 되었다.

8) 윤집(尹集, 1606~1637): 조선 중기의 문신. 본관은 남원(南原). 자는 성백(成伯), 호는 임계(林溪)·고산(高山). 1631년 별시 문과에 을과로 급제해 이듬해 설서가 되었다. 그 뒤 수찬(修撰)·교리(校理)에 오르고 헌납(獻納)을 역임한 뒤, 1636년 이조정랑·부교리를 거쳐 교리에 올랐다.

9) 원문은 "日月로 光을 爭ㅎ·ㄹ지라". 해, 달과 누가 더 밝은지 다틀 수 있을 만큼 '그 뜻이 밝고 분명하다'는 뜻으로 추측됨.

제15 까마귀의 지혜

하루는 내가 바닷가에 갔는데 바닷물이 물러나 모래 위에 조개가 많아서 수백(마리)의 까마귀가 모여 조개를 먹고자 부리로 조개를 쪼개려고 했지만 (조개껍질이) 매우 단단하여 (이를) 부수기 어려워했다. 까마귀는 이러한 줄을 모르고 있는데 그 중 한 마리가 무슨 계책을 생각하는 듯 했다. 이 까마귀가 조개를 입에 물고 하늘 높이 올라가 급히 조개를 바위 위에 떨어뜨리니 조개가 깨졌고 그래서 (그 까마귀는 조개의) 살을 먹었다.

대개 낙하하는 사물의 힘은 그 높이에 따라 증가한다. 상 위에 다완(茶椀)을 떨어뜨릴 때 1척[10]의 높이(에서 떨어뜨릴 때)는 깨어져 부서지지 않지만 (떨어뜨리는 지점이) 4~5척의 높이에 이르면 갑자기 깨어져 부서지게 된다. 새가 이러한 원리를 알고 있는 것이 어찌 기이하지 않은가?

세상 사람들은 (어떤) 일을 시작하다가 조금 곤란하면 즉시 (그 일을) 그만두는데 바라건대 이 새를 (한 번) 보아라.

---

10) 척(尺): 길이의 단위로 자와 같다. 한 자는 한 치의 열 배로 약 30.3cm에 해당한다.

第16 실업자의 덕목

국민 (중)에서 농공상에 종사하는 사람을 실업가(實業家)라고 총칭(總稱)한다. 실업가는 인민이 필요로 하는 물품을 만들며 또 사고파는 일을 하는 사람이다. 실업이 번성하는 것은 국가가 번창(繁昌)하는 데 기본이 된다. 실업자(失業者)는 그 직업을 계속해 나가는데 있어 다른 사람을 대할 때 마땅히 신용(信用)을 중요시해야 하는데 만약 눈앞의 욕심에 미혹되어 작은 이익을 탐할 때에는 자기에게 큰 손해를 반드시 불러 오며 또 그 실업자의 명예를 해치게 된다. 따라서 조잡한 물건을 만들거나 부당한 이익을 얻고자 하지 말아야 한다.

그러므로 농공상과 같은 실업에 종사하는 사람은 근면과 절검(節儉), 신실(信實)의 세 가지 덕목을 갖추는 것이 옳다. (삼덕을 갖추면) 다만 자기의 사무를 발달시킬 뿐만 아니라 또 그 국가의 홍함과 번성함에도 이를 수 있다.

근면에 대하여 따라오는 것은 절검인데 절검은 쓸데없는 소비를 바꾸어 유용한 자본을 만드는 것을 말한다. 또 (앞선 덕목보다) 한 층 더 귀중한 것이 신실이니 (이는 곧) 실업자의 근본이라 말 할 수 있다. 신실이 없으면 비록 근면과 절검을 행하더라도 실효(實傚)가 없을 것이다.

따라서 근면하지 않으면 큰 이익을 얻기 어렵고 절검하지 않으면 얻은 이익을 무익(無益)한 곳에 써버리며 또 신실이 없으면 곧 사람에게 신용을 잃어 도저히 세상에 자리 잡기 불가능하다. 이 외에도 나쁜 물건을 만들어 혹여나 한 때의 이익을 속여 취하더라도 영구히 신용을 잃어 (이를) 회복할 기회가 없어지니 실업자는 항상 이 세 가지 덕목을 갖추도록 힘써야 한다.

제17 외국인과의 교제

우리나라의 바깥 되는 나라를 모두 외국이라 부르고 외국의 사람을 외국인이라 부른다.

우리나라가 동양(東洋)의 치우친 한 구석에 있어 옛날부터 외국과의 교통이 적었고 오직 중국과 일본과과의 교통에 지나지 않았지만 최근 30년 사이에 세상의 진보로 인하여 유럽대륙(歐羅巴州)과 아메리카대륙(亞米利加州)에 있는 모든 나라와 교통하게 되어 오늘날 우리나라에 와서 살고 있는 외국인은 중국인, 일본인, 영국인, 프랑스(法國)인, 독일(德國)인, 러시아(俄國)인, 미국인 등이다.

이와 같은 외국인은 현재 우리들과 함께 이 나라 안에 거주하는데 우리는 이들을 우리나라 사람과 같이 생각하여 상친상교[11]하며 모두 우리 황상(皇上)의 은택(恩澤) 받기에 관심을 기울여야 한다.

외국인이 우리나라에 온 것과 같이 우리나라 사람도 외국에 가서 사는 경우 역시 많다. (따라서) 우리들이 외국에 있는 우리나라 사람의 안녕을 바란다면 우리나라에 와서 사는 외국인이 안녕하지 못하게 하는 것은 옳지 못하다. 우리들은 주인이고 그들은 손님이니 마

11) 상친상교(相親相交): 서로 친하게 지내어 교류함.

땅히 친애(親愛)에 힘써야 하며 (이는) 주인의 도리이다.

그러나 이에 주의하지 않고 옛날과 같이 외국인을 배척하여 외국은 다만 오랑캐일 뿐이라 하고 무례한 행위를 계속 한다면 그들은 반드시 우리들을 무식한 야만이라 지목할 것이다. (만약 그렇게 되면 이는) 한 개인의 수치일 뿐만 아니라 온 나라의 체면을 손상시키는 것이니 우리들은 항상 이에 주의해야 할 것이다.

제18 세계 일주

어떤 사람이 해외 상공업의 실상을 한 차례 둘러보기 위해 기선(汽船)을 타고 우리나라 인천항에서 출발하여 동 쪽으로 일본의 요코하마(横濱)를 거쳐 태평양을 횡단하여 북아메리카 대륙의 서쪽 연안(西岸)에 위치한 샌프란시스코(桑港)에 도착했다.

여기서부터 동쪽으로 가는 기차를 타고 7일 밤낮을 달려 동해안의 뉴욕(紐育)에 도착했다.

북미주는 땅이 광대하고 농공상이 모두 번성하여 번화한 도회(都會)가 매우 많으며 철로는 전국에 거미줄처럼 설치되었다.

뉴욕으로부터 유럽 대륙으로 가는 기선을 타고 대서양(大西洋)을 동으로 횡단하여 7일 밤낮을 거친 후에 영국의 서쪽 연안에 위치한 리버풀에 도착하여 여기서 기차를 타고 유명한 런던(倫敦城)에 도착하였다.

런던은 영국의 수도인데 번화함으로 세계 제일 가는 도회이다. 런던을 떠나 배를 타고 동으로 프랑스(法蘭西)의 북쪽 해안에 도착하여 프랑스의 수도 읍리[12]를 유람하고 프랑스의 남쪽 해안에 자리한 마

12) 읍리(邑里): 읍과 촌락을 아울러 이르는 말.

르세유를 출발하여 동쪽으로 가는 기선을 타고 지중해에 떠갔다.

지중해는 아프리카 대륙(阿弗利加洲)의 북쪽 해안과 유럽 대륙의 남쪽 해안 사이에 있어 아시아, 유럽, 아프리카 등 세 대륙의 경계를 이루는데 이 바다를 건너 동쪽으로 수에즈 운하를 거쳐 홍해(紅海)로 나가 아라비아(亞羅比亞)의 아덴에 도착했다.

아덴으로부터 동쪽으로 나아가 인도의 부속 섬인 실론(錫蘭)[13]의 콜롬보(古倫甫)에 도착하였는데 인도는 옛날에 천축(天竺)이라 불리었던 곳이다. 콜롬보로부터 또 동쪽으로 나아가 말레이반도(馬來半島)의 남쪽에 위치한 싱가포르(新嘉坡)에 도착하여 여기로부터 동양 제1의 무역항인 홍콩(香港)에 다다랐는데 여기는 잉글랜드의 영지(領地)이다.

홍콩에서 바다를 따라 중국의 상하이(上海)에 도착하니 여기는 동양에서 가장 화려한 항구이다. 이 땅에서 동북쪽으로 항행하여 황해(黃海)를 횡단하여 인천에 다시 도착하였다.

13) 오늘날의 스리랑카.

제19 우편과 전신

언어는 상호 간에 의사(意思)를 표시하는 것이고 문자는 상호 간에 언어를 대행하는 것이다. 우리가 서로 멀리 떨어져 있을 때는 편지를 보내어 서로 의사를 표시하는데 옛날에는 항상 사람의 발에 의존하여 그 비용이 높았고 시간이 오래 걸려 매우 편리하지 못하였다.

오늘날에는 사회가 문명함으로 점차 나아가 통신하기 가장 편리한 방법이 있는데 그것은 우편과 전신이다.

우편은 정부에서 우편국(郵便局)을 세우고 우표를 만들어 (이를) 인민에게 팔아 편지를 서로 보낼 수 있도록 해준다.

우편에는 봉서[14]와 엽서의 구별이 있는데 봉서는 편지를 봉투 안에 넣어 단단히 봉하고 그 겉면에 받는 사람의 성명(姓名)과 주소 및 보내는 사람의 성명과 주소를 써야하며 중량이 4전[15] 이하(의 봉서)는 3전[16]의 우표를 붙이고 그 이상(의 무게가 나가는 봉서)은 중량에 따라 요금이 올라간다.

엽서는 한 장에 1전 5리[17]이고 왕복엽서는 왕복하는데 사용하며

---

14) 봉서(封書): 겉봉을 봉한 편지.
15) 전(錢): 무게 10푼(1푼은 약 0.375그램)을 뜻하는 단위. 무게의 단위를 나타내는 '돈'과 같은 말.
16) 전(錢): 우리나라의 옛 화폐 단위. 1전은 1원(圓)이나 1환(圜)의 100분의 1이다.

그 요금은 3전이다. 대체로 2~3전의 비용으로 서울과 시골의 어떠한 곳이든지 편지를 서로 주고받을 수 있게 하므로 이만큼 편리한 것이 다시없다.

전신도 역시 정부에서 전신국(電信局)을 세우고 급한 소식을 보내도록 한 것으로 (전신에는) 유선전보와 무선전보, 전화 등이 있다.

17) 리(釐): 십진법에서 1000분의 1의 비율 또는 그 단위를 나타내는 말. 이전에 우리나라의 화폐의 단위를 나타내는 말이기도 했는데 1리(釐)는 1전(錢)의 10분의 1이다.

제20 가축

소와 말은 가축 중에서 제일 중요한 것이다. 농가에서 농업을 꾸려 나갈 수 있는 데는 소와 말의 힘으로 인함이 실로 크다 할 수 있다.

이와 같(이 중요한)은 소와 말을 기르는 (데에는) 방법이 있다. (먼저) 마구간의 한난(寒暖)과 공기의 유통을 알맞게 해주어야 한다. 또 (가축이) 먹을 것도 가축이 좋아하는 것과 싫어하는 것에 따라 취사하며 때에 맞추어 (먹이를) 주어 그 건강을 도모해야 한다.

소와 말도 몸이 불결하면 병을 얻기 때문에 그 몸이 더러워졌을 때는 이를 씻어주며 또 매일 털을 손질해 줌으로써 그 피부를 윤나게 해주어야 한다. 또 (소와 말이 자는 자리에) 까는 지푸라기도 반드시 새 것으로 (사용)하고 깨끗한 것을 사용하여 항상 게으름을 피우지 않고 (가축의) 청결과 건강에 주의해야만 한다.

우리나라에서 나는 소는 매우 우수한데 그 중에 몸집이 크고 성질이 온순하여 수고스러운 노동을 견딜 수 있는 소는 경상도와 황해도에서 많이 나고 (여기서 나는 소가) 가장 유명하다.

말은 무거운 물건을 끌어 먼 길까지 가는 것이 육축[18] 중 가장 민

18) 육축(六畜): 집에서 기르는 대표적인 여섯 가지 가축인 소, 말, 양, 돼지, 개, 닭을 이르는 말.

첩하다. 우리나라에서 말이 나는 곳으로는 제주도와 함경북도가 유명하다.

소와 말은 힘든 노동으로써 농사를 도울 뿐만 아니라 그 배설물 또한 훌륭한 비료가 된다.

우유는 마실 것 (중)에 영양분이 가장 많고 그 고기는 식용으로 사용되며 가죽, 뿔, 굽, 뼈 등도 쓸모가 많다. 따라서 이와 같은 가축을 기르면 이익이 매우 크다.

제21 애국심

유년(幼年)의 모든 이들이여! 여러분 각기 자신을 사랑하여 어떤 일이든지 자신의 편리함을 바라는 것은 곧 자애심(自愛心)이고 자애심은 자연스러운 인정(人情)이다.

그러나 여러분은 자신을 사랑할 뿐 아니라 여러분의 부모를 사랑하며 형제와 자매, 멀고 가까운 친척 또한 매우 사랑하여 (가족끼리) 화목하기를 바랄 것이다. 또 여러분의 친구와, 함께 사는 사람들(이웃)에 대해서도 그 사랑을 추급[19]하여 어떤 일이든지 이들에게 편리하게 됨을 바랄 것이다. 그러므로 다른 사람이 만일 이(가족과 친구, 함께 사는 사람 등) 사람들에게 포학하고 부정한 행위를 가하면 여러분은 마땅히 힘을 다해 (이들을) 보호할 것이다.

여러분들이여! 부모, 형제, 자매 등이 모여 한 가족을 이루는 것을 가족이라 부르고 가족이 많이 모인 것을 민족이라 부르고 일정한 땅에 일정한 통치권이 있는 민족을 국가라 부른다. 이러하기 때문에 국가는 개인이 모인 것이자 가족이 커진 것이다.

따라서 여러분들은 가족의 한 사람이 되어 가족을 사랑하는 것과

19) 추급(推及): 미루어 생각이 미침.

같이 민족의 한 사람이 되며 국가의 한 사람이 되었기 때문에 항상 중심에 국가의 행복을 꾀하여야 한다. 만약 (우리의) 국가에 포학하고 부정함을 가하는 자가 있을 경우 힘을 다하여 국가를 보호해야 하는데 이와 같이 국가를 사랑하는 생각을 애국심이라고 부른다.

국민이 모두 견고한 애국심을 갖고 있으면 비록 땅이 좁고 인구가 적더라도 능히 그 국가를 보전할 수 있다.

제22 태양과 태음

태양과 태음(太陰·달)은 그 크기가 거의 같아 보이지만 실제로는 크게 다르다.

태양의 직경은 85만 2584 리(里)이고 지구의 직경은 7925 리, 달의 직경은 2160 리가 된다.

태양은 지구와의 거리가 9143만 리지만 달과 지구의 거리는 24만 리에 불과하다.

태양은 예사롭지 않게 높은 온도를 띠는 화구(火球)이며 강한 빛과 높은 열을 방출하고 (이것이) 지구에 도착하는데 이 빛과 열은 지구 표면(에 사는) 생물에 매우 중요한 것이다. 따라서 지구 위의 (모든) 생물은 하루도 이것과 떨어지지 못할 것이다.

달은 하나의 차가운 작은 구(球)이며 지구와 가장 가까운 별이다. 약한 빛을 지구에 보내지만 그 빛은 달이 스스로 내는 것이 아니라 태양으로부터 받은 것을 반사시킨 것이다. 이에 따라 그 밝기는 태양으로부터 직접 쏘아져 나온 것과 크게 다르다.

천체 중에서는 달이 지구에 가장 가까우므로 그 표면을 상세하게 관측할 수 있다. (달 표면을 관찰하면) 표면에 분화구의 흔적도 있고 또 높은 산과 평야가 있음을 볼 수 있지만 물도 없고 공기도 없어 (달에) 사는 생물이 없다.

제23 22과의 계속

우리가 살고 있는 지구는 태양 및 달과 밀접한 관계가 있다. 낮과 밤의 순환과 사계절의 변화는 태양과의 관계로 생겨나며 달의 가득 참과 이지러짐, 일식과 월식은 태양 및 달과의 관계로 생겨나고 조수의 들고 남은 달과의 관계로 인해 생겨난다.

지구는 하루에 1회 자전하는데 이는 곧 남극과 북극을 축으로 하여 빙구(氷球)가 회전하는 것과 같다. 지구 자신이 1회 자전할 때 태양을 향하는 쪽은 밝아 낮이 되고 태양을 등진 쪽은 어두워 밤이 된다. 그 자전의 방향은 서로부터 동으로 바뀌기 때문에 해와 달, 별이 동에서 나와 서쪽으로 떨어지는 것처럼 보인다.

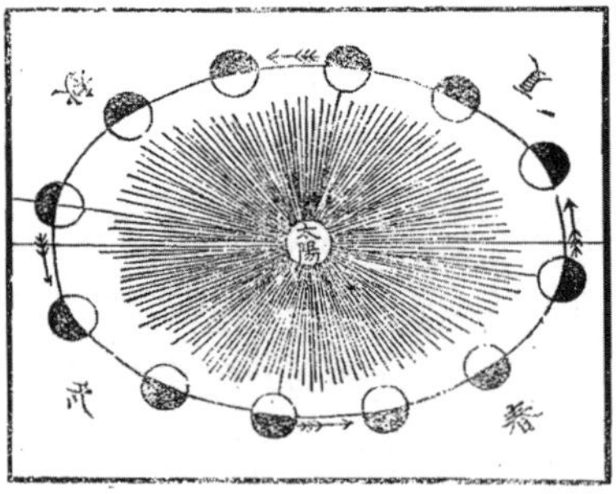

또 지구는 자전하는 것 외에 공전하기도 하는데 공전은 태양의 주위를 회전하여 궤도로 운행되며 (공전이) 봄, 여름, 가을, 겨울의 사계절을 만든다.

달은 일정한 궤도로 지구의 주위를 운행하고 또 지구의 공전을 따라 또한 태양의 주위를 운행한다.

달의 가득참과 이지러짐은 지구의 위치로 인하여 태양의 빛을 받는 반쪽(半面)이 우리에게 많거나 적게 나타남에 따라 양현(兩弦)과 삭망(朔望)이 된다. 즉 달과 해가 마주 보고 있는 사이에 지구가 있을 때에는 달의 빛나는 반쪽이 완전하여 만월(滿月)이 되고 지구와 해가 마주 보고 있는 사이에 달이 있어 달의 빛나는 반쪽이 온전히 드러나지 않을 때에는 초승달이 되는 것이다.

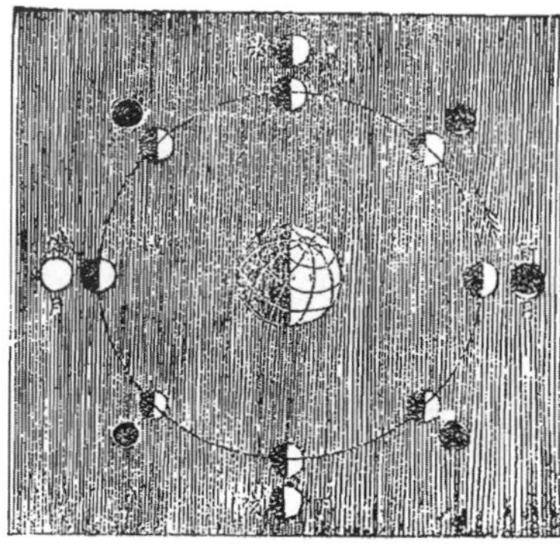

지구와 해와 달이 세 겹으로 일직선이 되는 때가 간혹 있는데 이때 일식 혹은 월식이 된다. 일식은 해와 달과 지구가 세 겹으로 일직선이 될 때에 나타나는데 이는 달이 지구와 태양의 사이에 있어 햇빛을 가리므로 지구에 그림자가 생겨 일식이 되는 것이다.

월식은 해와 지구와 달이 세 겹으로 일직선이 되는 때에 나타나는 것으로 지구가 해와 달의 사이에 있어 지구의 그림자가 달을 가리므로 월식이 되는 것이다.

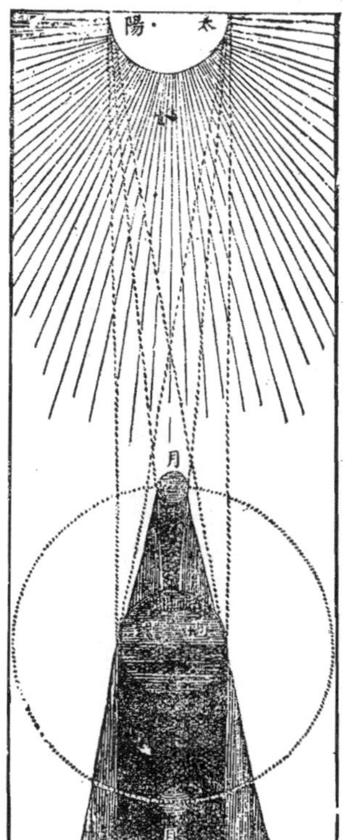

제24 화폐

상고(上古) 시대에는 화폐(貨幣)라고 부르던 것이 없어 물건과 물건을 상호 교역하여 쌀과 베(布)로 계산했으며 간혹 소나 양으로 물건의 값을 계산하기도 했다.

이들 물품은 운반하기 불편할 뿐만 아니라 오래 보존할 수 없어서 금, 은, 동, 철(로 만들어진) 화폐가 만들어졌다. 이 금속화폐는 쌀, 베, 소, 양과 달리 얼마 되지 않는 부피에 많은 가치가 (들어) 있으며 영구히 보전할 수 있고 또 세밀하게 분석[20]할 수 있으며 조각(彫刻)하기 쉽고 사용하기 매우 편리하다.

그러나 세상이 점차 진보함에 따라 지폐가 다시 나오게 되었는데 금, 은, 동, 철의 경우 중량이 커 휴대하기 편리하지 못하므로 이(지폐)를 만들어 금, 은, 동, 철을 대신 하는 것이다.

지폐는 금은화보다 가볍고 간편하며 이와 같은 가치를 갖는 것이다. 그 이치를 명확히 설명하자면 이는 정부와 은행에서 얼마간의 금은화폐를 예비하고 이에 상당한 금액으로 지폐를 발행하며 지폐

---

20) 분석의 원래 뜻인 "얽혀 있거나 복잡한 것을 풀어서 개별적인 요소나 성질로 나눔"으로 미루어 볼 때 작은 단위의 화폐로 나눌 수 있음, 즉 큰 단위의 돈을 작은 단위로 나누어 계산하거나 이를 주고받을 수 있음의 뜻.

는 이미 그 실제 돈의 대표인 것이다. 만약 반드시 실제 돈을 사용하고자 할 때 적절한 절차에 의하면 언제든지 실제 돈을 얻을 수 있으므로 지폐는 실로 어음(魚驗)과 같은 것이다.

그러나 정부와 은행에서 발행한 지폐가 그에 상당하는 금은화를 갖지 못하면 발행된 지폐는 이미 대표하는 실물이 없는 것이 되므로 그 가치가 반드시 크게 떨어져 쓸모없는 종잇조각이 된다.

第25 공공의 이익

여기에 많은 사람이 모였는데 이는 어떤 일을 상의하기 위한 것인가? 그 중에 뜻을 가진 한 사람인 김 동장(洞長)이 운을 떼었다.

“우리 동리에는 하천이 많아 둑(堤堰)과 교량을 수리하며 도로를 관리하는데 해마다 막대한 경비가 필요하지만 동비(洞費)를 늘려 준비하기 어려우므로 항상 한 때의 수리를 할 뿐이오. 또 소학교의 경비가 부족하여 교사(校舍)가 무너졌으나 (이를) 수리하기 어려워 교육이 완전치 못하게 되니 어찌 가탄(可歎)스러운 일이 아니오? 나는 가세가 비록 부유하지 못하지만 우리 동리의 공공사업을 위하여 먼저 돈 100원을 내놓아 동리의 이익을 도모하고자 하노라.”

저쪽에서 또 한 사람이 말했다.

“나는 김 동장의 말에 전적으로 동의를 표하여 돈 200원을 보조하노라.”

이때 모든 사람이 ‘나도’, ‘나도’(라고 말하며) 다투듯 앞장 서 동의를 표하였고 총 모인 금액이 이 2976원이 되었다.

이어 회의에 참석한 모든 사람들이 규칙을 정하고 방법을 세워 서로 마음을 다해 수도와 제방을 수리하고 학교를 번창하게 했다.

대개 동리의 일은 동네 주민 한 사람이 부담(負擔)하는 것과 같이 한 나라의 일은 국민 한 사람이 부담하는 것이 옳다. 따라서 여러분들은 각각 국민이 되었으므로 국가의 일을 여러분이 부담해야 한다. 선량한 국민은 사람의 더 없이 높고 좋은 영예이다.

초등소학

국민교육회 著

(원전)

光武十年十二月十八日印刷
光武十年十二月二十日發行
光武十一年五月二十五日再板印刷
光武十一年六月二十一日再板發行

初等小學一秩四冊
定價金壹圓三拾錢

板權所有

著作者 國民敎育會
發行者 國民敎育會
金相萬
高裕相
朱翰榮

發賣所
皇城中署洞口敦化門外西邊九十六統十七戶
國民敎育會事務所
皇城中署布廛屛門下南邊三十七統六戶
金相萬書鋪
皇城南署大廣橋東邊二十七統四戶
高裕相書鋪
皇城中署洞口罷朝橋越便三十八統二戶
朱翰榮書鋪

次에會同ᄒᆞᆫ諸人이規則을定ᄒᆞ고方法을設ᄒᆞ야互相盡心ᄒᆞᄒᆞ水道와堤防을修補ᄒᆞ며學校ᄅᆞᆯ興旺케ᄒᆞ더라。

大凡洞中의事ᄂᆞᆫ一洞人이負擔ᄒᆞᄂᆞ니是와如히一國의事ᄂᆞᆫ一國人이負擔홈이可ᄒᆞ니諸子들은各히國民이되야ᄂᆞᆫ則國家의事ᄅᆞᆯ諸子가負擔ᄒᆞᆯ지어다善良ᄒᆞᆫ國民은人의無上ᄒᆞᆫ榮譽니라。

一洞의公共ᄒᆞᆫ事業을爲ᄒᆞ야먼져金百圜을出ᄒᆞ야洞內의利益을謀코져ᄒᆞ노라。」

彼邊에셔又一人言ᄒᆞ되、「我ᄂᆞᆫ金洞長의言에全혀同意를表ᄒᆞ야金二百圜을補助ᄒᆞ노라。」

於是에諸人이我도我도爭出ᄒᆞ야同意를表ᄒᆞ미收合ᄒᆞᆫ金額이總合二千九百七十六圜이되얏더라。

ᄒᆞ니라。

第二十五　公共의利益

此에數多ᄒᆞᆫ人이會集ᄒᆞ얏스니此ᄂᆞᆫ何事ᄅᆞᆯ商議ᄒᆞᆷ인가其中에有志ᄒᆞᆫ一人金洞長이起言ᄒᆞ되。

우리洞里ᄂᆞᆫ川이多ᄒᆞ야堤堰과橋梁을修補ᄒᆞ며道路ᄅᆞᆯ治ᄒᆞᆷ에年年히巨大ᄒᆞᆫ經費ᄅᆞᆯ要ᄒᆞ나洞費ᄅᆞᆯ加辦키難ᄒᆞᆷ으로恒常一時의修補ᄅᆞᆯ行ᄒᆞᆯ뿐이오、又小學校의經費가不足ᄒᆞᆷ으로校舍가頹破ᄒᆞ되修補키難ᄒᆞ야教育이完全치못ᄒᆞ니엇지可歎ᄒᆞᆯ事가아니리오我ᄂᆞᆫ家勢가비록富饒치못ᄒᆞ나

紙幣ᄂᆞᆫ卽金銀貨보다輕便ᄒᆞ고此와同等의價値가有ᄒᆞᆫ者니其理를明言ᄒᆞ건ᄃᆡ此ᄂᆞᆫ政府又銀行에셔幾何의金銀實貨를預備ᄒᆞ고此와相當ᄒᆞᆫ金額으로紙幣를發行ᄒᆞ니紙幣ᄂᆞᆫ卽此實貨의代表라若必實貨를用코져ᄒᆞᄂᆞᆫ時ᄂᆞᆫ相當ᄒᆞᆫ節次에依ᄒᆞ면何時던지實貨를得ᄒᆞᄂᆞ니然ᄒᆞᆫ則紙幣ᄂᆞᆫ實로魚驗과同ᄒᆞ니라。

然ᄒᆞ나政府又銀行에셔其發行ᄒᆞᆫ紙幣가相當ᄒᆞᆫ金銀貨가無ᄒᆞ면其發行ᄒᆞᆫ紙幣ᄂᆞᆫ임의代表ᄒᆞᆫ바物이無ᄒᆞᆫ故로其價가반다시大落ᄒᆞ야無用의紙片이되

로互相交易ᄒᆞ야米와布로物價ᄅᆞᆯ計ᄒᆞ며或牛羊으로物價ᄅᆞᆯ計ᄒᆞ얏ᄂᆞ니라。

此等物品은運搬ᄒᆞᆷ에不便ᄒᆞᆯᄲᅮᆫ아니라久히保存ᄒᆞᆷ이不能ᄒᆞᆷ으로金銀銅鐵의貨幣가生ᄒᆞ얏스니此金屬貨幣ᄂᆞᆫ米布牛羊과異ᄒᆞ야僅少ᄒᆞᆫ容積에多ᄒᆞᆫ價値가有ᄒᆞ며永久히保全ᄒᆞ기可ᄒᆞ고又細微히分析ᄒᆞ며彫刻에容易ᄒᆞ고使用ᄒᆞᆷ에甚히便利ᄒᆞ니라。

然ᄒᆞ나世運이漸次進步ᄒᆞᆷ을從ᄒᆞ야紙幣가更出ᄒᆞ니此ᄂᆞᆫ金銀銅鐵은重量이多ᄒᆞ야携帶ᄒᆞ기便利치못ᄒᆞᆷ으로此ᄅᆞᆯ製造ᄒᆞ야金銀銅鐵을代ᄒᆞᆷ이니라。

으로地球에陰影이生ᄒᆞ야日蝕이되ᄂᆞ니라。

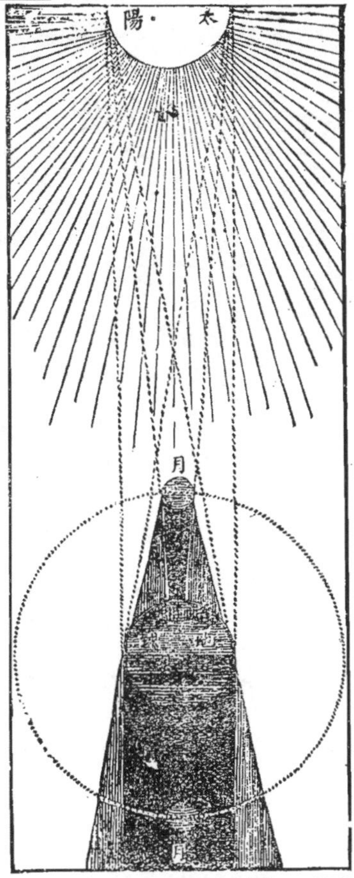

日蝕은日地月이三層으로一直線되ᄂᆞᆫ時에在ᄒᆞᄂᆞ니地球가日月의間에在ᄒᆞ야地球의陰影이月球를遮ᄒᆞ야月蝕이되ᄂᆞ니라。

第二十四 貨幣

上古時代에ᄂᆞᆫ貨幣라云ᄒᆞᄂᆞᆫ者가無ᄒᆞᆫ故로物과物

朔望이되ᄂᆞ니卽月과日이相對ᄒᆞᆫ間에地가在ᄒᆞᆯ時ᄂᆞᆫ月이照ᄒᆞᄂᆞᆫ半面이全現ᄒᆞ야滿月이되고地와日이相對ᄒᆞᆫ間에月이在ᄒᆞ야月의照ᄒᆞᄂᆞᆫ半面을全現치못ᄒᆞᄂᆞᆫ時ᄂᆞᆫ新月이되ᄂᆞ니다。

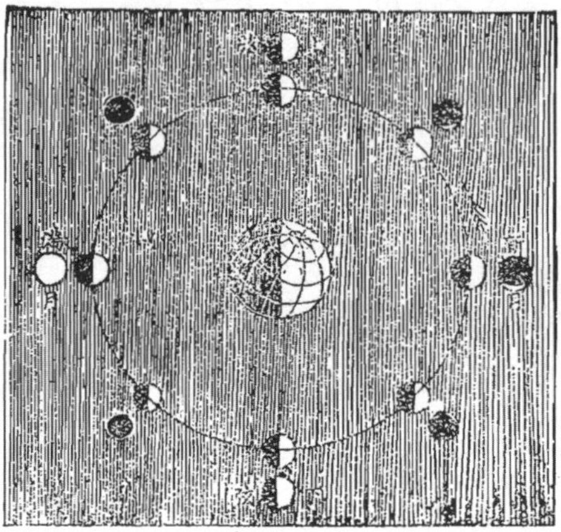

地球와日月이三層으로一直線되ᄂᆞᆫ時가或有ᄒᆞᄂᆞ니此時ᄂᆞᆫ日蝕或月蝕이되ᄂᆞ니라。日蝕은日月地가三層으로一直線이될時에在ᄒᆞᄂᆞ니此ᄂᆞᆫ月球ᄂᆞᆫ地球와太陽의間에在ᄒᆞ야日光을遮ᄒᆞᆷ

425

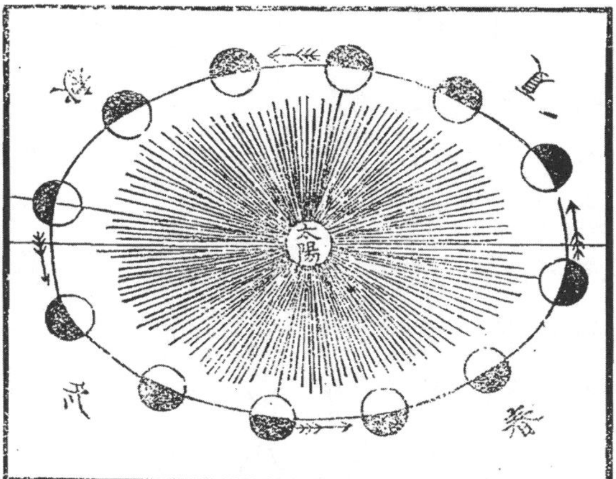

且地球ᄂᆞᆫ自轉ᄒᆞᄂᆞᆫ外에公轉이有ᄒᆞ니公轉은太陽의周圍ᄅᆞᆯ回轉ᄒᆞ야軌道로運行ᄒᆞᆷ이春夏秋冬의四季ᄅᆞᆯ成ᄒᆞᄂᆞ니라。

太陰은一定ᄒᆞᆫ軌道로地球의周圍ᄅᆞᆯ運行ᄒᆞ고又地球의公轉을隨ᄒᆞ야또ᄒᆞᆫ太陽의周圍ᄅᆞᆯ運行ᄒᆞᄂᆞ니라。

太陰의盈虧ᄂᆞᆫ地球의位置에因ᄒᆞ야太陽의光을受ᄒᆞᄂᆞᆫ半面이吾人에게現ᄒᆞᆷ이多少가有ᄒᆞ야兩弦과

係가有ᄒᆞ니晝夜의循環과四時의變化ᄂᆞᆫ太陽의關係로因生ᄒᆞ며月의盈虧와日蝕月蝕은太陽及太陰의關係에因生홈이오潮汐水의進退ᄂᆞᆫ月의關係에因生홈이니라。

地球ᄂᆞᆫ一日에一回自轉ᄒᆞᄂᆞ니卽其南極과北極으로써軸을作ᄒᆞ야氷球의回轉홈과如ᄒᆞᄂᆞ니地球가其自身을一回自轉홀際에太陽을向ᄒᆞᄂᆞᆫ部ᄂᆞᆫ明ᄒᆞ야晝가되고太陽을背ᄒᆞᆫ部ᄂᆞᆫ暗ᄒᆞ야夜가되ᄂᆞ니其自轉의方向은西로붓터東으로轉ᄒᆞᄂᆞᆫ故로日月과星辰이東에셔出ᄒᆞ야西로落홈과如ᄒᆞ니라。

ᄒᆞᆫ光을地球에送ᄒᆞ나其光輝ᄂᆞᆫ太陰이스ᄉᆞ로發ᄒᆞᄂᆞᆫ者가아니오太陽으로븟허受ᄒᆞᆫ者ᄅᆞᆯ反射ᄒᆞᄂᆞᆫ者라故로其光度ᄂᆞᆫ太陽으로븟허直接射來ᄒᆞᆷ과大異ᄒᆞ니라。

天體中에셔ᄂᆞᆫ月球가地球에最近ᄒᆞᆫ者인故로其表面을詳細히觀測ᄒᆞᆷ을得ᄒᆞᆯ지니表面에噴火口跡도有ᄒᆞ고또高山과平野가有ᄒᆞᆷ을見ᄒᆞ나水도無ᄒᆞ고空氣도無ᄒᆞ야生物의生存이無ᄒᆞ니라。

第二十三　前課의續

吾人의棲息ᄒᆞᄂᆞᆫ바地球ᄂᆞᆫ太陽及太陰과密接ᄒᆞᆫ關

太陽의直徑은八十五萬二千五百八十四哩오地球의直徑은七千九百二十五哩며太陰의直徑은二千百六十哩가되ᄂᆞ니라。

太陽은地球와相距가九千一百四十三萬哩로ᄃᆡ太陰과地球ᄂᆞᆫ相距가二十四萬哩에不過ᄒᆞ니라。

太陽은非常히高溫度ᄅᆞᆯ有ᄒᆞᆫ火球라强ᄒᆞᆫ光과高ᄒᆞᆫ熱을放ᄒᆞ야地球에到着ᄒᆞᄂᆞ니此光과熱은地面의生物에極히重要ᄒᆞᆫ者라故로地球上生物은一日도此ᄅᆞᆯ離치못ᄒᆞᆯ者니라。

太陰은冷却ᄒᆞᆫ一小球니곳地球에最近ᄒᆞᆫ星이라弱

치民族의一人이되며國家의一人이되얏슨則恒常中心에國家의幸福을圖企ᄒᆞ야萬若國家에對ᄒᆞ야暴虐不正을加ᄒᆞᄂᆞᆫ者가有ᄒᆞᆯ境遇에ᄂᆞᆫ力을盡ᄒᆞ야國家를保護ᄒᆞᆯ지니此國家를愛ᄒᆞᄂᆞᆫ思想을愛國心이라云ᄒᆞᄂᆞ니라。

國民이다堅固ᄒᆞᆫ愛國心이有ᄒᆞ면비록土地가小ᄒᆞ고人口가少ᄒᆞᆯ지라도能히其國家를保全ᄒᆞᄂᆞ니라。

第二十二 太陽과太陰

太陽과太陰은其大ᄒᆞᆷ이거의相等ᄒᆞᆷᄀᆞᆺ치見ᄒᆞ나其實은크게相異ᄒᆞ니라。

도其愛를推及ᄒᆞ야何事던지彼等의게便利홈을要ᄒᆞᆯ지니故로他人이萬一此等人에對ᄒᆞ야暴虐不正ᄒᆞᆫ行爲를加ᄒᆞ면諸子ᄂᆞᆫ맛당히力을盡ᄒᆞ야極히保護ᄒᆞᆯ지니라。

諸子等아父母、兄弟、姊妹等이集合ᄒᆞ야一家를成홈을家族이라云ᄒᆞ고家族의多集홈을民族이라云ᄒᆞ고一定ᄒᆞᆫ土地에一定ᄒᆞᆫ統治權이有ᄒᆞᆫ民族을國家라云ᄒᆞᄂᆞ니然則國家ᄂᆞᆫ個人의聚集ᄒᆞᆫ者오家族의大ᄒᆞᆫ者니라。

是故로諸子ᄂᆞᆫ家族의一人이되야家族을愛홈과ᄀᆞᆺ

牛乳ᄂᆞᆫ飲料에滋養이最多ᄒᆞ고其肉은食用에供ᄒᆞ며皮、角、蹄、骨等도器用을製造ᄒᆞᄂᆞ니是等의家畜을養ᄒᆞᆷ은利益이大有ᄒᆞ니라。

第二十一　愛國心

幼年의諸子들아諸子ᄂᆞᆫ各其自身을愛ᄒᆞ야何事던지自身의便利ᄒᆞᆷ을望ᄒᆞ은곳自愛心이니自愛心은自然ᄒᆞᆫ人情이니라。

然ᄒᆞ나諸子ᄂᆞᆫ自愛ᄒᆞᆯ뿐아니오諸子의父母ᄅᆞᆯ愛ᄒᆞ며兄弟姉妹及遠近族戚도또ᄒᆞᆫ極히愛ᄒᆞ야和睦ᄒᆞᆷ을要ᄒᆞᆯ지며또諸子의朋友와同居ᄒᆞᄂᆞᆫ者에對ᄒᆞ야

海道에多産ᄒᆞ야ᄀᆞ장有名ᄒᆞ니라

馬ᄂᆞᆫ重物을引ᄒᆞ야遠道에致홈이六畜中의第一敏捷ᄒᆞ니我國에馬ᄅᆞᆯ産ᄒᆞᄂᆞᆫ處ᄂᆞᆫ濟州島와咸鏡北道가有名ᄒᆞ니라。

牛馬ᄂᆞᆫ오직勞役으로써農業을助ᄒᆞᆯᄲᅮᆫ아니라其糞尿도ᄯᅩᄒᆞᆫ良好ᄒᆞᆫ肥料가되ᄂᆞ니라。

空氣의流通을適宜ᄒᆞ게ᄒᆞ며食物도其嗜ᄒᆞᆷ과厭ᄒᆞᆷ을隨ᄒᆞ야取捨ᄒᆞ고時時로與ᄒᆞ야其健强을圖ᄒᆞᆯ지니라。

牛馬도身體의不潔로븟허病을得ᄒᆞᄂᆞᆫ故로其身體가汚ᄒᆞᆫ時ᄂᆞᆫ此ᄅᆞᆯ洗ᄒᆞ며ᄯᅩ每日毛ᄅᆞᆯ刷ᄒᆞ야써其皮膚ᄅᆞᆯ潤케ᄒᆞ며ᄯᅩ藉ᄒᆞᄂᆞᆫ藁도반다시新케ᄒᆞ야乾淨ᄒᆞᆫ者ᄅᆞᆯ用ᄒᆞ야恒常怠치아니ᄒᆞ게淸潔과健康에注意ᄒᆞᆷ이可ᄒᆞ니라。

我國에産ᄒᆞᄂᆞᆫ牛가極히良好ᄒᆞ니其中에體가大ᄒᆞ고性이順ᄒᆞ야能히勞役에堪ᄒᆞᄂᆞᆫ者ᄂᆞᆫ慶尙道와黃

葉書ᄂᆞᆫ一張에一錢五釐오往復葉書ᄂᆞᆫ往復ᄒᆞᄂᆞᆫᄃᆡ用ᄒᆞᄂᆞ니其料ᄂᆞᆫ三錢이라大抵二三錢의費用으로京鄉에何處던지書札을相通ᄒᆞᆷ으로此에셔便利ᄒᆞᆷ이更無ᄒᆞ니라。

電信도亦政府에셔電信局을設ᄒᆞ고急信을傳送ᄒᆞᄂᆞ니卽有線電報와無線電報와電話等이니라。

第二十 家畜

牛馬ᄂᆞᆫ家畜中에第一重要ᄒᆞᆫ者라農家에셔農業을營爲ᄒᆞᆷ에ᄂᆞᆫ牛馬의力을因ᄒᆞᆷ이實로巨大ᄒᆞ니라。然ᄒᆞᆷ으로牛馬를養ᄒᆞᄂᆞᆫ法이有ᄒᆞ니廐舍의寒暖과

長ᄒᆞ야甚히便利치못ᄒᆞ더니라。
現時에ᄂᆞᆫ社會가文明홈에漸進ᄒᆞ야通信이ᄀᆞ장便利ᄒᆞᆫ法이有ᄒᆞ니此ᄂᆞᆫ郵便과電信이니라。
郵便은政府에서郵便局을設ᄒᆞ고郵票ᄅᆞᆯ製ᄒᆞ야人民의게賣ᄒᆞ야書札을互相傳送케ᄒᆞᄂᆞ니라。
郵便에ᄂᆞᆫ封書와葉書의別이有ᄒᆞ니封書ᄂᆞᆫ書札을封套中에入ᄒᆞ야堅ᄒᆞ게封ᄒᆞ고其表面에受信人의姓名과居住며發信人의姓名과居住ᄅᆞᆯ書ᄒᆞᄂᆞ니重量이四錢以下ᄂᆞᆫ三錢의郵票ᄅᆞᆯ付ᄒᆞ고其以上은重量을隨ᄒᆞ야其料ᄅᆞᆯ增ᄒᆞᄂᆞ니라。

에至ᄒᆞ니此ᄂᆞᆫ英吉利의領地러라。
香港에서海ᄅᆞᆯ沿ᄒᆞ야東北으로進ᄒᆞ야支那의上海에到着ᄒᆞ니此ᄂᆞᆫ東洋의一大繁華ᄒᆞᆫ港이라此地에서東北으로航行ᄒᆞ야黃海ᄅᆞᆯ橫斷ᄒᆞ야仁川에復到ᄒᆞ니라。

第十九 郵便과電信

言語ᄂᆞᆫ互相間에意思ᄅᆞᆯ表示ᄒᆞᆷ이오文字ᄂᆞᆫ互相間에言語ᄅᆞᆯ代行ᄒᆞᄂᆞᆫ者라吾人이互相遠隔ᄒᆞᆯ時ᄂᆞᆫ書札을傳送ᄒᆞ야互相意思ᄅᆞᆯ表示ᄒᆞᄂᆞ니古代에在ᄒᆞ야ᄂᆞᆫ恒常人足을依ᄒᆞᆷ으로其費用이多ᄒᆞ고時間이

蘭西의南岸마세일스에出ᄒᆞ야東方으로行ᄒᆞᄂᆞᆫ滊船을乘ᄒᆞ고地中海에浮ᄒᆞ니라。

地中海ᄂᆞᆫ亞弗利加洲의北岸과歐羅巴洲의南岸兩間에在ᄒᆞ야亞細亞、歐羅巴、亞弗利加三洲를界ᄒᆞ니라此海를渡ᄒᆞ야東으로스에스運河를經ᄒᆞ야紅海에出ᄒᆞ야亞羅比亞의아덴에着ᄒᆞ니라。

아덴으로붓허東으로進ᄒᆞ야印度의屬島錫蘭의古倫甫에着ᄒᆞ니印度ᄂᆞᆫ古代에天竺이라謂ᄒᆞᆫ處ㅣ니라。

古倫甫로붓허또東進ᄒᆞ야馬來半島의南에在ᄒᆞᆫ新嘉坡에達ᄒᆞ야此로붓허東洋第一貿易港되ᄂᆞᆫ香港

北米洲ᄂᆞᆫ土地가廣大ᄒᆞ고農工商이俱盛ᄒᆞ야繁華ᄒᆞᆫ都會가極多ᄒᆞ며鐵路ᄂᆞᆫ全國에蛛網과如히布設ᄒᆞ얏더라。

紐育으로븟허歐羅巴洲에行ᄒᆞᄂᆞᆫ滊船을乘ᄒᆞ고大西洋을東으로橫斷ᄒᆞ야七晝夜를經ᄒᆞᆫ後에英國의西岸리버풀에達ᄒᆞ야此에서滊車를乘ᄒᆞ고有名ᄒᆞᆫ倫敦城에到着ᄒᆞ니라。

倫敦은英國의首府니繁華ᄒᆞᆷ은世界의第一되ᄂᆞᆫ都會니라倫敦을出ᄒᆞ야船을乘ᄒᆞ고東으로法蘭西의北岸에到着ᄒᆞ야法蘭西의首府巴里를遊覽ᄒᆞ고法

指目ᄒᆞᆯ지니然則其一個人의羞耻만될뿐아니라全國의體面을損傷ᄒᆞᆷ이니我等은恒常此ᄅᆞᆯ注意ᄒᆞᆯ지니라。

第十八 世界의一周

或人이海外諸國의商工業의實狀을一次遊覽코져ᄒᆞ야滊船을乘ᄒᆞ고我國仁川港에서發ᄒᆞ야東으로日本의橫濱을經ᄒᆞ야太平洋을橫斷ᄒᆞ야北亞米利加洲의西岸되ᄂᆞᆫ桑港에到着ᄒᆞ니라。

此로붓허東行ᄒᆞᄂᆞᆫ滊車ᄅᆞᆯ乘ᄒᆞ고七晝夜ᄅᆞᆯ經ᄒᆞ야東海岸紐育에至ᄒᆞ니라。

我等은此를我國人과如히思ᄒᆞ야相親相交ᄒᆞ야共히我 皇上의恩澤을受ᄒᆞ기를注意ᄒᆞᆯ지니라。

外國人이我國에來住ᄒᆞᆷ과如히我國人도外國에往居ᄒᆞᄂᆞᆫ者도亦多ᄒᆞ니我等이外國에在ᄒᆞᆫ我國人의安寧을願ᄒᆞᆯ진ᄃᆡ我國에來住ᄒᆞᄂᆞᆫ外國人으로ᄒᆞ야곰安寧케아니ᄒᆞᆷ이不可ᄒᆞ니我等은主오彼ᄂᆞᆫ客인則맛당히親愛를務ᄒᆞᆷ이主人의道理니라。

然ᄒᆞ나此에注意치아니ᄒᆞ고古昔과如히外國人을排斥ᄒᆞ야外國은盡히夷狄이라稱ᄒᆞ고無禮ᄒᆞᆫ行爲를加ᄒᆞᆯ진ᄃᆡ彼等은반다시我等을無識ᄒᆞᆫ野蠻이라

第十七 外國人과交際

我國의外되ᄂᆞᆫ國을總히外國이라云ᄒᆞ고外國의人을或外人이라云ᄒᆞᄂᆞ니라。

我國이東洋의偏隅에在ᄒᆞ야古來로外國과交通홈이少ᄒᆞ고오직支那와日本을交通ᄒᆞ기에過치아니ᄒᆞ더니挽近三十年來로世途의進步를因ᄒᆞ야歐羅巴洲와亞米利加洲에在ᄒᆞᆫ諸國과交通ᄒᆞ니今日에我國에來住ᄒᆞᄂᆞᆫ外國人은支那、日本、英國、法國、德國、俄國、米國等이니라。

是等外國人은今에我等과ᄒᆞᆷ띄此國內에居住ᄒᆞᆫ則

層貴重ᄒᆞᆫ者ᄂᆞᆫ信實이니卽實業者의根本이라可謂ᄒᆞᆯ지라信實이無ᄒᆞ면비록勤勉과節儉을行ᄒᆞᆯ지라도實効가無ᄒᆞᆯ지니라。

故로勤勉치아니ᄒᆞ면大ᄒᆞᆫ利益을得ᄒᆞ기不能ᄒᆞ며節儉치아니ᄒᆞ면得ᄒᆞᆫ바利益을無益ᄒᆞᆫ地에消費ᄒᆞ며또信實이無ᄒᆞᆫ則人의게信用을失ᄒᆞ야到底히世에立ᄒᆞ기不能ᄒᆞ며此外에惡品을製造ᄒᆞ야或一時의利를欺取ᄒᆞᆯ지라도永久히信用을失ᄒᆞ야回復의期가無ᄒᆞᆯ지라是로써實業者ᄂᆞᆫ恒常此三德의具備ᄒᆞᆷ을務ᄒᆞᆯ지니라。

히其信用을重히홀지니萬若目前의慾에迷ᄒᆞ야小利를貪ᄒᆞᄂᆞᆫ時ᄂᆞᆫ自己의大損害를必招ᄒᆞ며又其實業者의名譽를害ᄒᆞᄂᆞᆫ故로粗製의品을造ᄒᆞ며不當ᄒᆞᆫ利益을得코져말지니라。

然ᄒᆞᆫ則農工商等의實業에從事ᄒᆞᄂᆞᆫ者ᄂᆞᆫ勤勉과節儉과信實의三德을具備ᄒᆞ여야可ᄒᆞ니다만自己의事務를發達홀ᄲᅮᆫ아니라又其國家의興隆을可致ᄒᆞᄂᆞ니라。

勤勉에對ᄒᆞ야並行ᄒᆞᄂᆞᆫ者ᄂᆞᆫ節儉이니節儉은無用의費를變ᄒᆞ야有用의資本을作홈을云홈이며또一

上에茶椀을落ᄒᆞ되一尺의高에ᄂᆞᆫ破碎치아니ᄒᆞᆷ이有ᄒᆞ다가四五尺의高에至ᄒᆞ면忽然히破碎ᄒᆞᄂᆞ니鳥의此理ᄅᆞᆯ知ᄒᆞᆷ이엇지奇異치아니ᄒᆞ리오。世人은事ᄅᆞᆯ始作ᄒᆞ다가조곰困難ᄒᆞ면卽時廢止ᄒᆞᄂᆞ니請컨ᄃᆡ此鳥ᄅᆞᆯ見ᄒᆞᆯ지로다。

第十六 實業者의德義

國民의農工商을業ᄒᆞᄂᆞᆫ者ᄅᆞᆯ實業家라總稱ᄒᆞᄂᆞ니實業家ᄂᆞᆫ人民의必要ᄒᆞᆫ物品을製造ᄒᆞ며ᄯᅩ賣買ᄒᆞᄂᆞᆫ者라實業의盛ᄒᆞᆷ은國家가繁昌ᄒᆞᄂᆞᆫ基本이니라

實業者ᄂᆞᆫ其職業을營爲ᄒᆞᆷ에ᄂᆞᆫ他人에對ᄒᆞ야맛당

야口로써蛤을쪼개랴ᄒᆞ나甚히단단ᄒᆞ야破ᄒᆞ기能치못ᄒᆞ미烏ᄂᆞᆫ如何ᄒᆞᆯ줄을知치못ᄒᆞ더니其中에一烏가무ᄉᆞᆫ計策을ᄉᆡᆼ각ᄒᆞᄂᆞᆫ듯ᄒᆞ더라。

此烏가蛤을口에含ᄒᆞ고空中에高飛ᄒᆞ야急히蛤을石上에落下ᄒᆞ니蛤이破ᄒᆞ거ᄂᆞᆯ因ᄒᆞ야其肉을食ᄒᆞ더라。

大抵落下ᄒᆞᄂᆞᆫ物의勢ᄂᆞᆫ其高ᄒᆞᆷ을隨ᄒᆞ야增加ᄒᆞᄂᆞᆫ故로床

三學士가當時에少年이나其忠節은可히日月로光을爭ᄒᆞᆯ지라淸帝가百端으로誘說ᄒᆞ되始終을惟一히忠義로拒絶ᄒᆞ야屈服지아니ᄒᆞ고맛ᄎᆞᆷ내淸帝에게害를被ᄒᆞ니라。

大抵國民되ᄂᆞᆫ者ᄂᆞᆫ다忠愛를盡ᄒᆞᆷ이其職分이라幼年의學員等은다三學士를效ᄒᆞ야비록死地를當ᄒᆞᆯ지라도素志를變치말지니라。

第十五 烏의智

一日에余가海邊에往ᄒᆞ니時에潮水가退ᄒᆞ야沙上에蛤이多ᄒᆞᆫ지라數百의烏가集ᄒᆞ야蛤을食코져ᄒᆞ

是時에全國의人民이다淸兵과決戰코져ᄒᆞ야義兵이四處에起ᄒᆞ나然ᄒᆞ나戰은凶事라生靈의大害가됨을顧念ᄒᆞᆫ則兩國의平和ᄅᆞᆯ貴重히ᄒᆞᆷ만ᄀᆞᆺ지못ᄒᆞᆫ지라。이에政府에셔淸帝와和約을訂結ᄒᆞᆫᄃᆡ全國의志士가淸帝의違約ᄒᆞᆷ을憤惡ᄒᆞ고政府의主和ᄒᆞᆷ을反抗ᄒᆞ야不平ᄒᆞᆫ心이더욱激切ᄒᆞ니其中에ᄆᆞ장有名ᄒᆞᆫ者ᄂᆞᆫ洪翼漢、吳達濟、尹集、三人이니此ᄅᆞᆯ三學士라稱ᄒᆞᄂᆞ니라。

三學士ᄂᆞᆫ淸國과交戰ᄒᆞ야和約을抗拒코져ᄒᆞ나其議가容納치못ᄒᆞ고맛참ᄂᆡ淸國의捕擄가되니라。

仁祖朝時에淸兵이我國을來侵ᄒᆞ거ᄂᆞᆯ我政府에서淸將과和約을結ᄒᆞ야兩國이各其疆土를踰越ᄒᆞ야相侵치말어서國際의安寧을維持코져ᄒᆞ얏더니。其後十年에淸帝가和約을違ᄒᆞ고大兵으로써來犯ᄒᆞ니時에淸國이支那明朝를滅ᄒᆞ고져ᄒᆞ야먼져我國을來侵ᄒᆞ미其勢가極히猛烈ᄒᆞ더라。

然ᄒᆞ나我國은古來로붓허兵力으로外國을防禦ᄒᆞ야國家의獨立을維持ᄒᆞᆫ故로人民이다敵愾의心이充滿ᄒᆞᆯ뿐아니라또文化가普及ᄒᆞ야忠愛의志가國民을鼓勵ᄒᆞᄂᆞᆫ지라。

만國家의發達에妨害될섇아니라人民의自由에合치못ᄒᆞ니라。

然ᄒᆞ나今日은四民의區別이無ᄒᆞ고다同等의權利와同等의地位에在ᄒᆞ니如何ᄒᆞᆫ人이던지國家의法律을善守ᄒᆞ야職業을힘쓰며國家의發達을計謀ᄒᆞᆯ진ᄃᆡ다善良ᄒᆞᆫ國民이라稱ᄒᆞᄂᆞ니라。

吾人의權利와自由ᄂᆞᆫ法律의規定을得ᄒᆞ야完全ᄒᆞᆷ을成ᄒᆞᄂᆞ니汝等은國法의範圍內에셔汝의自由와汝의權利ᄅᆞᆯ行使ᄒᆞᆯ지니라。

第十四　三學士의忠節

事를行홀지라도또ᄒᆞᆫ奈何치못ᄒᆞ더니라。

然홈으로一國을治ᄒᆞᄂᆞᆫ政府의官人은다士의獨占이되야人의善否를擇지아니ᄒᆞ고오직其地閥의貴賤만見ᄒᆞ야農工商의中에ᄂᆞᆫ비록如何ᄒᆞᆫ英俊의才가잇셔도需用치아니ᄒᆞ더니라。

大凡國家ᄂᆞᆫ人民으로成立ᄒᆞᆫ故로人民은國家의根本이되ᄂᆞ니國家의富强은人民의合心과並力에在ᄒᆞ거ᄂᆞᆯ階級을因ᄒᆞ야彼此間에利害의關係가셔로不同홈으로其終에ᄂᆞᆫ國家를全國의國家로認치아니ᄒᆞ고오직少數官人의國家로認ᄒᆞ기에至ᄒᆞ니다

399

言을아니ᄒᆞ니차라리園中에衆木을盡伐ᄒᆞ얏실지라도汝의眞實홈이美ᄒᆞ다ᄒᆞ고叱責을喜悅로代ᄒᆞ니라。

第十三 四民

古昔에人文이아즉開明치못ᄒᆞᆫ時代에在ᄒᆞ야ᄂᆞᆫ國民間에階級이有ᄒᆞ야士農工商을四等級에區別ᄒᆞ야四民이라稱ᄒᆞᄂᆞ니라。

士의家에生ᄒᆞᄂᆞᆫ者ᄂᆞᆫ代代로다士가되며農工商의子孫은恒常農工商을營ᄒᆞ니其中에士가最貴ᄒᆞ야農工商은士의管轄ᄒᆞᆫ바가됨으로비록士가不法의

木을伐ᄒᆞ얏ᄂᆞᆫ지라。
其父親이此櫻木의너머짐을見ᄒᆞ고心中에悅치못ᄒᆞ야華盛頓을불너셔何人이我의愛ᄒᆞᄂᆞᆫ바櫻木을伐ᄒᆞ얏ᄂᆞ냐뭇거ᄂᆞᆯ。
華盛頓이비로소自己의非홈을覺ᄒᆞ고곳恭敬히應對ᄒᆞ되小子ᄂᆞᆫ父親을속히지못ᄒᆞᄋᆞᆸᄂᆞ니此ᄂᆞᆫ實로小子가小斧를試ᄒᆞ기爲ᄒᆞ야伐ᄒᆞ얏ᄂᆞ니다。
其父親이大喜ᄒᆞ야華盛頓을撫ᄒᆞ야가ᄅᆞ되汝가僞

全國을保護ᄒᆞᆷ을爲ᄒᆞ이라我等國民이此를負擔ᄒᆞ
야稅를納ᄒᆞᄂᆞ니此를國民의納稅義務라ᄒᆞᄂᆞ니라。

第十二　華盛頓

華盛頓은今에距ᄒᆞ기百餘年前에英國의羈絆을脫
ᄒᆞ고北米合衆國을獨立ᄒᆞ며大統領의制度를創始
ᄒᆞᆫ人이니卽合衆國의第一回大統領이라今에其幼
時의一事를擧言ᄒᆞ노라。

華盛頓의幼時에其父親이一小斧를與ᄒᆞ거ᄂᆞᆯ甚히
喜悅ᄒᆞ야其利鈍을試코져ᄒᆞ야庭園에在ᄒᆞᆫ衆木을
伐ᄒᆞᆯ식其父親이스ᄉᆞ로植ᄒᆞ고極히愛ᄒᆞᄂᆞᆫ바一櫻

ᄒᆞᄂᆞ니만일政府가無ᄒᆞ면人民의生命과財産을維持ᄒᆞᆯ수가업ᄂᆞ니라。

我國의政府ᄂᆞᆫ內部、度支部、軍部、法部、學部、農商工部의諸部로成立ᄒᆞ고其上에議政府가有ᄒᆞ야總轄ᄒᆞ니此ᄅᆞᆯ中央政府라云ᄒᆞᄂᆞ니라。此外에全國을十三道及多數의府郡에區分ᄒᆞ니各其地方에官廳을設ᄒᆞ야中央政府의命을受ᄒᆞ야其政務ᄅᆞᆯ行ᄒᆞᄂᆞ니此ᄅᆞᆯ地方官廳이라ᄒᆞᄂᆞ니라。

如斯히多數ᄒᆞᆫ官廳이有ᄒᆞᆫ故로此에屬ᄒᆞᆫ官人도夥多ᄒᆞ야政府에셔巨大ᄒᆞᆫ費用을要ᄒᆞᄂᆞ니其費用은

我等人民이産業을營作ᄒᆞ야安心ᄒᆞ야生活홈은何에因홈인가此ᄂᆞᆫ我等이스ᄉᆞ로生産을治홀ᄲᅮᆫ아니오此生産을保護ᄒᆞᄂᆞᆫ者가有ᄒᆞ니此ᄂᆞᆫ오직皇上陛下ᄭᅴ옵셔設置ᄒᆞ신政府니라。

政府ᄂᆞᆫ皇上의委任을承ᄒᆞ야 勅命과法律을奉行ᄒᆞ야人民의生命과財産을保護ᄒᆞ며諸般權利ᄅᆞᆯ保護ᄒᆞ야人民으로ᄒᆞ야곰安全히生活케ᄒᆞᄂᆞ니라。

是故로國에政府가有ᄒᆞᆫ時ᄂᆞᆫ如何ᄒᆞᆫ惡人이有ᄒᆞ던지我等의生命과財産과自由ᄅᆞᆯ侵犯ᄒᆞ며加害치못

戲를ᄒᆞᄂᆞ니라。

一年의月日은十二月에三百六十五日이오閏年은一日이加ᄒᆞᄂᆞ니一個月은大ᄒᆞᆫ則三十一日이오小ᄒᆞᆫ則三十日이며오작二月은平年에ᄂᆞᆫ二十八日이오閏年에ᄂᆞᆫ二十九日이니라。

人의一生은四時와同ᄒᆞ니少壯ᄒᆞᆫ時에工夫를勤勉히ᄒᆞ며事業을營爲치아니ᄒᆞ면老大ᄒᆞᆫ後에ᄂᆞᆫ반다시飢寒에陷ᄒᆞ야救濟ᄒᆞᄂᆞᆫ者가업실지라古昔에夏禹氏ᄂᆞᆫ寸陰을惜ᄒᆞ더니라。

第十一 政府

나其力은軟弱ᄒᆞ다가其長成ᄒᆞᆷ을隨ᄒᆞ야枝葉이生盛ᄒᆞ야實을結ᄒᆞᆷ과如히人도年이漸多ᄒᆞ면氣骨이長大ᄒᆞ고智慧가發達ᄒᆞ야能히됴흔工夫ᄅᆞᆯ成就ᄒᆞᄂᆞ니라。

是故로新年이되면智識이더욱擴張되야往年의工夫ᄅᆞᆯ맛치고新年의事業에進ᄒᆞ며舊日의惡을改ᄒᆞ고將來의善에向ᄒᆞᆷ이니萬一然치아니ᄒᆞ면古木과如히形殼만有ᄒᆞᆯ섇이라무ᄉᆞᆫ致賀ᄅᆞᆯᄒᆞ리오。

오직兒孩들은遊戲ᄒᆞ기ᄅᆞᆯ爲ᄒᆞ야新年됨을기다리ᄂᆞ니男子ᄂᆞᆫ紙鳶을飛ᄒᆞ고柶ᄅᆞᆯ擲ᄒᆞ며女子ᄂᆞᆫ板跳

第十 一年의月日

今日은一月一日이니新年의始라매우깃분날이라人人마다職業을休ᄒᆞ며飮食을盛備ᄒᆞ며衣服을華麗히裁製ᄒᆞ며家家의門에太極旗를高懸ᄒᆞ고서로慶賀ᄒᆞ더라。

新年을當ᄒᆞ면此와如히喜樂홈은年齒의增加홈을爲홈인가又其衣服을華麗히ᄒᆞ고飮食을盛備홈을爲홈인가。此ᄂᆞᆫ오직吾人의智慧가長成ᄒᆞ야家와國에福利가되ᄂᆞᆫ事業이盛홈을賀홈이니라。

人의幼時ᄂᆞᆫ草木의始生홈과同ᄒᆞ야其氣ᄂᆞᆫ完全ᄒᆞ

ᄒᆞ고昨夜에燐火가起ᄒᆞ든古塚을往視ᄒᆞ니白色의烟이起ᄒᆞ더라。

其夜에貞吉의父親은兩兒를又率ᄒᆞ고其處에至ᄒᆞ니果然如前히靑白火光이起ᄒᆞ거늘貞吉의父親이急行ᄒᆞ야此를捉ᄒᆞ려ᄒᆞ미燐이忽地에人을離ᄒᆞ야咫尺을隔ᄒᆞ고人이行ᄒᆞ면亦行ᄒᆞ며人이止ᄒᆞ면亦止ᄒᆞ야可及치못ᄒᆞ짓거늘急히往逐ᄒᆞ니瞥眼間에散滅ᄒᆞ야千百顆를作ᄒᆞ더니故處를視ᄒᆞᆫ則또一條火光만起ᄒᆞ야貞吉의父親의言과同ᄒᆞᆫ지라此兩兒는鬼火가本無ᄒᆞᆷ을深信ᄒᆞ더라。

生ᄒᆞᄂᆞᆫ 氣體가 스ᄉᆞ로 燃ᄒᆞᄂᆞᆫ 者라 是ᄅᆞᆯ 恐ᄒᆞᆯ 바가 無ᄒᆞ니라。燐火의 色은 靑白이니 人과 物을 照ᄒᆞ미 淡金色을 作ᄒᆞ며 또 一個가 風을 因ᄒᆞ야 千百을 散作ᄒᆞ고 또 千百이 一個를 復成ᄒᆞᄂᆞ니 此ᄂᆞᆫ 燐의 性質이니라。人이 此로써 鬼火라 稱ᄒᆞ고 甚ᄒᆞᆫ 者ᄂᆞᆫ 또 鬼聲이 有ᄒᆞ다 ᄒᆞᄂᆞ니 此ᄂᆞᆫ 自己가 自己의게 被欺ᄒᆞᆷ이라 鬼火가 본래 無ᄒᆞ니 鬼聲이 엇지 有ᄒᆞ랴 愚人의 言을 汝等은 惑信치 말지어다 明日에 汝等이 我와 偕往ᄒᆞ야 此를 見ᄒᆞᆯ지니라。」

ᄒᆞ고。其明日 午正에 貞吉의 父親이 貞吉과 東鎭을 率

兩兒가其狀態를見ᄒᆞ고自來로俗語에鬼火가有ᄒᆞ다ᄒᆞᆷ을聞ᄒᆞᆫ故로鬼火라疑ᄒᆞ야恐懼ᄒᆞᄂᆞᆫ心이大生ᄒᆞ야急히家로還歸ᄒᆞ더라。

家에歸ᄒᆞ미喘息을鎭定치못ᄒᆞ고貞吉이其父親에게此事를告ᄒᆞ니其父가大笑ᄒᆞ고語ᄒᆞ되、

「此ᄂᆞᆫ俗에鬼火라云ᄒᆞ나其實은燐火라ᄒᆞᄂᆞᆫ것이니枯骨과腐ᄒᆞᆫ草木等으로붓허

商業은오직賣買의事實노만知ᄒᆞᆯ지라도個中에學問을要ᄒᆞ야時勢의變遷에明ᄒᆞ여야完全ᄒᆞᆫ商業家가될지니라。

第九 燐火

貞吉이其友東鎭으로더부러夏夜에山圃菜蔬ᄅᆞᆯ共採ᄒᆞ더니忽然히林間古塚의地로붓허一條青白의火光이起ᄒᆞ야長尾ᄅᆞᆯ引ᄒᆞ고緩緩히彼處로飛去ᄒᆞ다가此處로飛來ᄒᆞ야長繩과如히沿長ᄒᆞ기도ᄒᆞ며炬火와如히集合ᄒᆞ기도ᄒᆞ며雹霰과如히散鋪ᄒᆞ기도ᄒᆞᄂᆞᆫ지라。

아니ᄒᆞ면반다시敗홈을見ᄒᆞᆯ지니라。

回顧ᄒᆞᆯ지어다世界列國이서로交通홈은吾人이隣家에往ᄒᆞ덧ᄒᆞ니此時ᄅᆞᆯ當ᄒᆞ야變遷ᄒᆞᄂᆞᆫ形勢ᄅᆞᆯᄯᅡᄅᆞ지아니ᄒᆞ고舊日과如히安閑홈을好ᄒᆞ면決코國家ᄅᆞᆯ保全ᄒᆞ야平安ᄒᆞᆫ幸福을享ᄒᆞᆯ수업ᄂᆞ니라。

往日에ᄂᆞᆫ我國이外國과交通홈이오직支那와日本ᄲᅮᆫ인故로通商홈도此兩國에過치못ᄒᆞ얏더니今日에ᄂᆞᆫ世界列國과交通ᄒᆞ야商業이盛ᄒᆞ니맛당히心을盡ᄒᆞ고力을竭ᄒᆞ야서로競爭ᄒᆞᄂᆞᆫ一市場에立ᄒᆞᆯ지니라。

業을務ᄒᆞ야到處에擴張홈으로國이强ᄒᆞ고民이富ᄒᆞ니此ᄂᆞᆫ吾人이耳로聞ᄒᆞ고目으로見ᄒᆞᄂᆞᆫ바니라。

商人을實業家라稱ᄒᆞᄂᆞ니吾人의日用에必要ᄒᆞᆫ衣食住가一이라도實業家ᄅᆞᆯ依賴치아니홈이無ᄒᆞ니라。

大抵商業은一和平ᄒᆞᆫ戰爭이니戰場에軍器ᄅᆞᆯ預備홈과如히商業에도資本을準備ᄒᆞᆯ지며戰場에軍器ᄅᆞᆯ精銳케홈과如히商業에도信用을要ᄒᆞᆯ지며戰場에謀計ᄅᆞᆯ用홈과如히商業에도物理와時勢ᄅᆞᆯ察ᄒᆞᆯ지니萬一戰爭이던지商業이던지以上數事ᄅᆞᆯ行치

十濟ᄂᆞᆫ後에國號ᄅᆞᆯ百濟라稱ᄒᆞ야新羅高句麗로더
부러恒常戰爭ᄒᆞ더니國을傳ᄒᆞᆫ지六百七十五年에
新羅의兼並ᄒᆞᆫ바가되니라。

第八 商業의必要

前課에임의商業이라論ᄒᆞ얏거니와商業은人의職
務에第一緊要ᄒᆞᆫ者라社會에一日이라도無ᄒᆞ면可
치아니ᄒᆞ니라。

國家의繁昌이此에由ᄒᆞ며人民의豐富ᄒᆞᆷ도此에由
ᄒᆞᄂᆞ니古代의希臘國은商業이發達ᄒᆞᆷ으로國力이
富强ᄒᆞ야古로붓허有名ᄒᆞ며今日의英吉利國도商

ᄒᆞ얏스니맛당히此地에居ᄒᆞᆷ이可ᄒᆞ다ᄒᆞᆫᄃᆡ沸流ᄂᆞᆫ듯지아니ᄒᆞ고其民을分ᄒᆞ야彌趨忽에居ᄒᆞ니彌趨忽은今仁川이라。

於是에溫祚ᄂᆞᆫ其餘民을率ᄒᆞ고馬韓王의게歸ᄒᆞᆫᄃᆡ王이河南慰禮城으로封ᄒᆞ얏더니溫祚가드듸여國을立ᄒᆞ야十濟라稱ᄒᆞ고스ᄉᆞ로王이되니라。

沸流ᄂᆞᆫ彌趨忽에居ᄒᆞ다가十濟를來見ᄒᆞ니十濟ᄂᆞᆫ城이堅ᄒᆞ고民이富ᄒᆞᆫ지라沸流가自己의居地ᄂᆞᆫ土가濕ᄒᆞ고水가鹹ᄒᆞ야安居치못ᄒᆞᆷ으로憤愧ᄒᆞ야病死ᄒᆞ거ᄂᆞᆯ其民이다十濟로歸ᄒᆞ니라。

第七 百濟의略史

百濟는新羅와高句麗로더부러同時에並立ᄒᆞ야三國이라稱ᄒᆞ니라。

其始祖는高溫祚니高句麗始祖高朱蒙의子라溫祚가其兄類利와서로容치못ᄒᆞ야其兄沸流로더부러出奔ᄒᆞ니時에其臣烏干馬黎等十人이從ᄒᆞ니라。

溫祚와沸流가漢山負兒岳에登ᄒᆞ야可居ᄒᆞᆯ地ᄅᆞᆯ望ᄒᆞ더니沸流는海濱에居코져ᄒᆞ거ᄂᆞᆯ十臣이諫ᄒᆞ야曰오직河南의地는北으로漢水ᄅᆞᆯ帶ᄒᆞ고東으로高岳을據ᄒᆞ며南으로沃澤을望ᄒᆞ고西으로大海가阻

로米粒을차지면셔어릿어릿ᄒᆞ거놀仔細히見ᄒᆞ니可憐ᄒᆞ도다곳一個의盲鼠라兩親가食物을어더셔奉養홈이러라。

貞順이싱각ᄒᆞ되鼠는微物이로ᄃᆡ尙且其母를極히奉養ᄒᆞᄂᆞᆫ도다ᄒᆞ고自然히其心이感動ᄒᆞ야더욱端正히坐ᄒᆞ야其狀態을見ᄒᆞ더니時에窓外에忽然히人跡이生ᄒᆞᄂᆞᆫ지라親鼠等이大驚ᄒᆞ야大聲을질너셔其母鼠의게告ᄒᆞ야急히穴中으로入ᄒᆞ더라。

此後로貞順이前日의惡홈을一切悔改ᄒᆞ야其父母를極히孝心으로事ᄒᆞᄂᆞ니라。

靜히ᄒᆞ고其狀態를見ᄒᆞ니鼷鼠가이리져리보면셔房中에在ᄒᆞᆫ米粒을見ᄒᆞ고다시穴中에隱ᄒᆞ거ᄂᆞᆯ。貞順이其還去ᄒᆞᆷ을疑心ᄒᆞ더니이윽고其母鼠及他鼷鼠와同來ᄒᆞ야母鼠ᄂᆞᆫ穴口에在ᄒᆞ고兩鼷만房中으로다니면셔米粒을拾得ᄒᆞ야食지아니ᄒᆞ고母鼠의前에致ᄒᆞᄂᆞᆫ지라。母鼠가卽時食지못ᄒᆞ고오직口

ᄒᆞ니是時에舊日의將卒이漸次로다시모이ᄂᆞᆫ지라
王은力을奮ᄒᆞ야英吉利軍士를連戰連勝ᄒᆞ야境外
에逐出ᄒᆞ고其國을回復ᄒᆞ니라。

第六 孝鼠

古時에一女兒가有ᄒᆞ니名은貞順이라性品과行實
이良善치못ᄒᆞ야恒常그父母의게孝가업더라。
一夜ᄂᆞᆫ貞順이書室에坐ᄒᆞ야書를讀ᄒᆞᆯ시壁底의小
穴로븟허一隻鼠가頭를出ᄒᆞ야人의動靜을窺히ᄂᆞᆫ
지라。
貞順은이에書聲를止ᄒᆞ고書案을倚ᄒᆞ야其聲息을

의間에網을延結코져試ᄒᆞᄂᆞᆫ지라王이오직此를注目ᄒᆞ니此蜘蛛가凡十二回를困苦ᄒᆞ다가能히兩椽間에往來ᄒᆞᆷ을纔得ᄒᆞ나오히려休치아니ᄒᆞ고다시連續ᄒᆞ야맛참내極히進步ᄒᆞᄂᆞᆫ지라。

於是에王이脚을伸ᄒᆞ면셔言ᄒᆞ되蜘蛛여第十二回로다此가予의게一好試驗을與ᄒᆞ야患難에落心치말게ᄒᆞᆷ이라予가予의愛ᄒᆞᄂᆞᆫ바國家를爲ᄒᆞ야予의生命을一次만더危驗에付ᄒᆞ리라。

王이곳古寺를떠나셔其親信ᄒᆞᆫ從者數人을招集ᄒᆞ고散卒을收合ᄒᆞ야英吉利의占領ᄒᆞᆫ바砲臺를擊奪

間의巖穴과樹木이나ᄯᅩ古寺中에單身으로隱避ᄒᆞ
되오래잇지못ᄒᆞ고자조옴기더라。
一夕에ᄂᆞᆫᄪᅮ루스王이一古寺中에往ᄒᆞ니時에王이
身體가極히困ᄒᆞᆫ中에ᄯᅩ心膽이落ᄒᆞ야其全國은姑
捨ᄒᆞ고自己의身命도ᄯᅩᄒᆞᆫ버리고져ᄒᆞ더라。
이에王이ᄒᆞᆫ집단속에누어셔手로首를支ᄒᆞ나然ᄒᆞ
나能히眠을成치못ᄒᆞ고前後를思量ᄒᆞ면셔椽木ᄭᅳᆺ
헤蜘蛛의網을稀微ᄒᆞᆫ光中에仰見ᄒᆞ다가數時를經
ᄒᆞ미더욱失心ᄒᆞ더니。
未幾에一蜘蛛가其絲를吐ᄒᆞ야此椽으로붓허彼椽

家의大任을맛허셔敵兵을防禦ᄒᆞ다가力이盡ᄒᆞᆯ時에ᄂᆞᆫ맛당히敵兵의게死ᄒᆞᆯ지언졍國家에羞耻ᄅᆞᆯ貽ᄒᆞᆷ은決斷코可치아니ᄒᆞ니諸子ᄂᆞᆫ志ᄅᆞᆯ堅固히立ᄒᆞᆯ지어다。

第五　蘇格蘭王의話

蘇格蘭王ᄲᅳ루스가英吉利王에드워드로더부러戰爭ᄒᆞ야兩國이서로怨讎가된지라。

蘇格蘭王이英吉利王의게一戰大敗ᄒᆞ야蘇格蘭全國의다英吉利의占領ᄒᆞᆫ바가되얏더라。

ᄲᅳ루스王은英吉利王의軍士의게잡힐가畏ᄒᆞ야山

고城隙을指示ᄒᆞ나公은應치아니ᄒᆞ니라。城이임의陷落ᄒᆞ미公이朝衣를整齊히着ᄒᆞ고北으로向ᄒᆞ야　皇上의게力이盡ᄒᆞ야城이陷홈을告ᄒᆞ고又其老父의게書를送ᄒᆞ야曰

「孤城에月이暈ᄒᆞ니防禦의策이無ᄒᆞᆫ지라此時를當ᄒᆞ야父子의恩은輕ᄒᆞ고君臣의義ᄂᆞᆫ重ᄒᆞ오이다、」

ᄒᆞ고。恐懼ᄒᆞᄂᆞᆫ氣色이少無ᄒᆞ고椅上에安坐ᄒᆞ야害를被ᄒᆞ니라。

大抵何人이其生命을重히녁이지아니리오마ᄂᆞᆫ國

宣祖朝時代에日本이大軍으로써我國을來侵ᄒᆞ니時에宋公이東萊府使가되야먼져其鋒을受ᄒᆞ얏더라。

於是에公은慷慨ᄒᆞᆫ辭와忠義의志로써城中의兵士를興起ᄒᆞ야死로써盟誓ᄒᆞ고防禦에力을盡ᄒᆞ나衆寡가相敵지못ᄒᆞ야맛참내城이陷落ᄒᆞ기에至ᄒᆞ니라。

公이平時에日本人과交際ᄒᆞᆷ에禮意를盡ᄒᆞᆷ으로日本人도ᄯᅩᄒᆞᆫ公의厚恩을深히感動ᄒᆞᆫ지라是에至ᄒᆞ야日本人이公을暗密히勸ᄒᆞ야城隙으로避ᄒᆞ라ᄒᆞ

내體外로出ᄒᆞᄂᆞ니라。
四肢ᄂᆞᆫ兩手와兩足이니兩手ᄂᆞᆫ兩臂의末에在ᄒᆞ고兩足은兩脚의末에在ᄒᆞ니라。

第四　宋象賢

大凡國民되ᄂᆞᆫ者ᄂᆞᆫ自己의國家ᄅᆞᆯ愛護ᄒᆞᆷ이當然ᄒᆞᆫ故로비록死地ᄅᆞᆯ臨ᄒᆞᆯ지라도國家ᄅᆞᆯ爲ᄒᆞ야自己의生命을惜지아니ᄒᆞᄂᆞ니라。
幼年의男女等아我國은古來로붓허忠義ᄅᆞᆯ崇尙ᄒᆞᆷ으로有名ᄒᆞᆫ忠臣이甚히多ᄒᆞ니諸子들은應當知ᄒᆞ얏스려니와宋象賢은ᄯᅩᄒᆞᆫ其中의一人이니라。

腹中에ᄂᆞᆫ食物을受ᄒᆞᄂᆞᆫ袋가有ᄒᆞ니此ᄅᆞᆯ胃라云ᄒᆞ고ᄯᅩ長管에서린것이잇스니此ᄅᆞᆯ腸이라謂ᄒᆞᄂᆞ니라。

胃ᄂᆞᆫ食物을消化케ᄒᆞᄂᆞᆫ機關이니食物을呑下ᄒᆞ야胃에至ᄒᆞᆫ則胃ᄂᆞᆫ鹽酸汁을加ᄒᆞ야스ᄉᆞ로伸縮ᄒᆞ야食物을柔케ᄒᆞᄂᆞ니라。

임의柔케된食物은胃에서小腸으로下ᄒᆞᄂᆞ니此時에小腸은苦汁과甘汁을加ᄒᆞ야食物을消下ᄒᆞ야乳汁과如히ᄒᆞ고細管으로붓허血中에送ᄒᆞ야身을養ᄒᆞᄂᆞᆫ用이되고其麁ᄒᆞᆫ査滓ᄂᆞᆫ大腸으로下ᄒᆞ야맛참

袋가有ᄒᆞ야左乳의下에垂ᄒᆞ고또肺臟이라ᄒᆞᄂᆞᆫ二袋가左右로垂ᄒᆞᄂᆞ니라。

心臟은血을出入ᄒᆞᄂᆞᆫ機關이라血은全身을養ᄒᆞᄂᆞᆫ者니心臟으로조ᄎᆞ出ᄒᆞ야動血管을通過ᄒᆞ야處處로廻ᄒᆞ야靜血管으로入ᄒᆞ야再次心臟으로歸來ᄒᆞᆷ이常例니라。

肺臟은空氣를呼吸ᄒᆞ야血을新鮮케ᄒᆞᄂᆞᆫ機關이라全身을養ᄒᆞ고心臟에歸ᄒᆞᄂᆞᆫ不潔ᄒᆞᆫ血이此處에至ᄒᆞ야또鮮紅ᄒᆞ야心臟에入ᄒᆞ야更히全身을養ᄒᆞᄂᆞ니라。

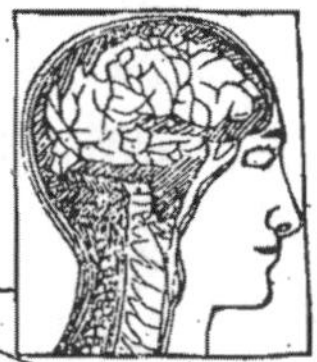

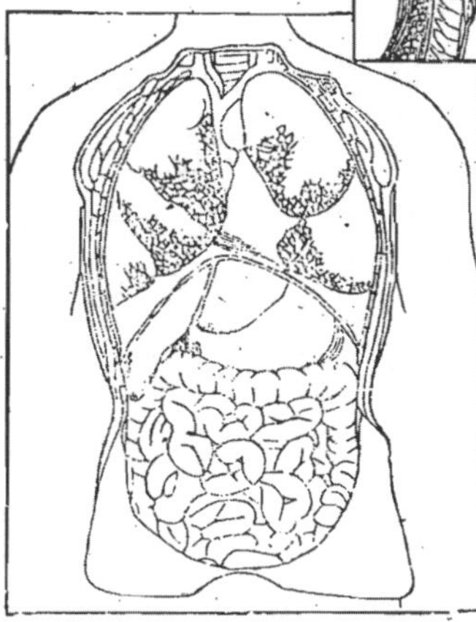

人體는骨로成立ᄒᆞ얏스니此는家의柱와椽ᄀᆞᆺ흔者라其中에第一大ᄒᆞᆫ者는脊骨이니라。

人體는其位置에因ᄒᆞ야三部에大別ᄒᆞ니頭와腰와四肢니라。

頭는最重要ᄒᆞᆫ者라其中에神經卽腦髓가有ᄒᆞ니事物을知ᄒᆞ며道理를明ᄒᆞ며苦樂을感ᄒᆞᆷ이全혀此에因ᄒᆞᆷ이니라。

腰는胷과腹의二에分ᄒᆞ니胷中에心臟이라ᄒᆞ는一

一身이萬事의本이라自身을自護홈이可ᄒᆞ니라。

第三 人體

人도또ᄒᆞᆫ動物中의一이라然ᄒᆞ나彼鳥獸魚介와ᄀᆞᆺ치愚ᄒᆞᆫ者가아니오智慧가有ᄒᆞ고道理에明ᄒᆞ야萬物의上에位ᄒᆞᆫ者니라。

人體의外를包ᄒᆞᆫ者ᄂᆞᆫ皮니皮ᄂᆞᆫ家의壁과如ᄒᆞ야其中에在ᄒᆞᆫ各種의物을守護ᄒᆞᄂᆞᆫ者오皮의下에ᄂᆞᆫ筋肉이有ᄒᆞ니筋肉은骨에連ᄒᆞ야其伸張홈을因ᄒᆞ야人體의運動을成ᄒᆞᄂᆞ니라。

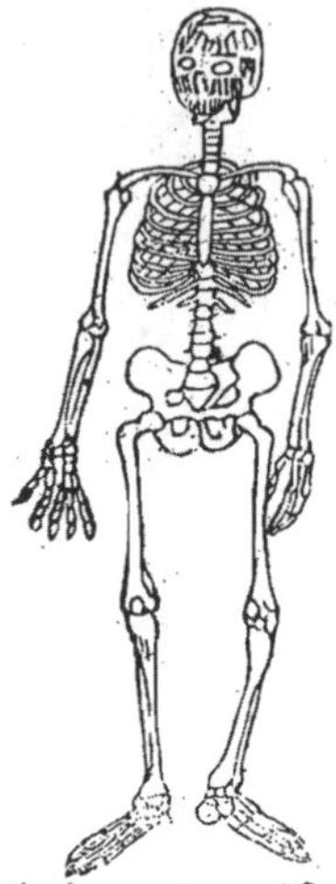

치말고또家內를淸潔케ᄒᆞ며庭園에樹木을栽植ᄒᆞ야呼吸ᄒᆞᄂᆞᆫ空氣가淸新케ᄒᆞ며間間히音樂을聞ᄒᆞ고花草를玩ᄒᆞ야心神을怡悅케ᄒᆞ며또恒常早起ᄒᆞᆯ지니라。

衣服은華麗를崇尙ᄒᆞᆯ것이아니오오직淨潔케ᄒᆞ야垢汚치안토록注意ᄒᆞ며또窄狹케도말고身體에適宜케ᄒᆞ며帶로써너무束치말어셔血氣를循環케ᄒᆞᆯ지니라。

此等의法을善守ᄒᆞ면健壯ᄒᆞᆫ人은더욱健壯ᄒᆞ고病人이라도또ᄒᆞᆫ病이愈ᄒᆞ야長壽를能享ᄒᆞᆯ지니人의

飮과食의次에緊切ᄒᆞᆫ것은運動休息等이라相當히運動ᄒᆞᆫ則血이順히回轉ᄒᆞ야食物이잘消化ᄒᆞ야身體가健康ᄒᆞᄂᆞ니라。然ᄒᆞ나運動만ᄒᆞ고休息지아니ᄒᆞᆫ則身體가疲困ᄒᆞ야病이生ᄒᆞᄂᆞ니故로晝ᄂᆞᆫ勤勉히動作ᄒᆞ되時時로休息ᄒᆞ고夜間은全혀休息ᄒᆞ야身과心의勞困ᄒᆞᆷ을慰ᄒᆞᆷ이可ᄒᆞᄂᆞ니라。

人의身體에垢가有ᄒᆞ면毛穴이閉塞ᄒᆞ야感氣가들기쉬운지라故로頻數히沐浴ᄒᆞ야身體ᄅᆞᆯ淸潔케ᄒᆞᆯ지니라。

又居處도、愼ᄒᆞᆷ이可ᄒᆞ니卑濕ᄒᆞᆫ處와陰冷ᄒᆞᆫ地에居

ᄒᆞ고또職業과學問等을힘쓰지도못ᄒᆞ고晝夜로寢床上에臥ᄒᆞ야呻吟ᄒᆞᆯᄲᅮᆫ이니然ᄒᆞᆫ則人은衛生에注意ᄒᆞ야病이生치아니케ᄒᆞᆯ지니라。

衛生ᄒᆞᄂᆞᆫ法이各種이有ᄒᆞ나飮과食을愼ᄒᆞᆷ이第一이라食物은穀物과肉種과野菜等을交食ᄒᆞ야一種만用치말며一日에三次를食ᄒᆞ되食ᄒᆞᄂᆞᆫ時를一定ᄒᆞ고消化ᄒᆞ기難ᄒᆞᆫ者와味의變ᄒᆞᆫ者等은一切食지말며또冷水ᄂᆞᆫ勿論ᄒᆞ고湯과茶도無端히飮치말며酒類ᄂᆞᆫ何種이던지一切飮ᄒᆞᆷ이可치아니ᄒᆞ고또烟草를吸치말지니라。

砂糖은만히甘蔗의汁으로製ᄒᆞᄂᆞ니甘蔗ᄂᆞᆫ其形이蜀黍와如ᄒᆞ야莖이長ᄒᆞ고高ᄒᆞ며其莖의汁은甘ᄒᆞ야砂糖의成分이多ᄒᆞᆫ故로其汁을取出ᄒᆞ야鍋에煮ᄒᆞᆫ後에此를改良ᄒᆞ야精美ᄒᆞᆫ砂糖을製造ᄒᆞᄂᆞ니라

現今은我國에아즉砂糖을製造ᄒᆞᄂᆞᆫ業이發達치못ᄒᆞ야外國으로븟허輸入ᄒᆞ나我國의土地와氣候ᄂᆞᆫ極히良好ᄒᆞ야砂糖製造에適合ᄒᆞ니라。

第二 衛生

病人ᄀᆞᆺ치可憐ᄒᆞᆫ者ᄂᆞᆫ世間에다시업ᄂᆞ니自己의好ᄒᆞᄂᆞᆫ食物도食지못ᄒᆞ며興致잇ᄂᆞᆫ遊塲에도行치못

地를擇ᄒᆞ야牛로써耕ᄒᆞᄂᆞ니此卽鹽田이라稱ᄒᆞᄂᆞᆫ者니라。

海潮가鹽田에入ᄒᆞ얏다가退ᄒᆞᆫ後에見ᄒᆞ면白砂糖ᄀᆞᆺᄒᆞᆫ것이砂上에布ᄒᆞ얏스니此卽鹽이라此鹽砂를聚集ᄒᆞ고海水를汲ᄒᆞ야此에풀고ᄯᅩ此를걸너셔砂와土ᄂᆞᆫ去ᄒᆞ고其水를釜에煮ᄒᆞ면맛참내白雪ᄀᆞᆺᄒᆞᆫ鹽을成ᄒᆞᄂᆞ니라。

我國은半島國이라東、西、南三面이海가圍ᄒᆞᆫ故로鹽을產ᄒᆞᄂᆞᆫ處가多ᄒᆞ나其中에ᄀᆞ장有名ᄒᆞᆫ者ᄂᆞᆫ仁川과南陽이니古로븟허良好ᄒᆞᆫ鹽이產出ᄒᆞᄂᆞ니라。

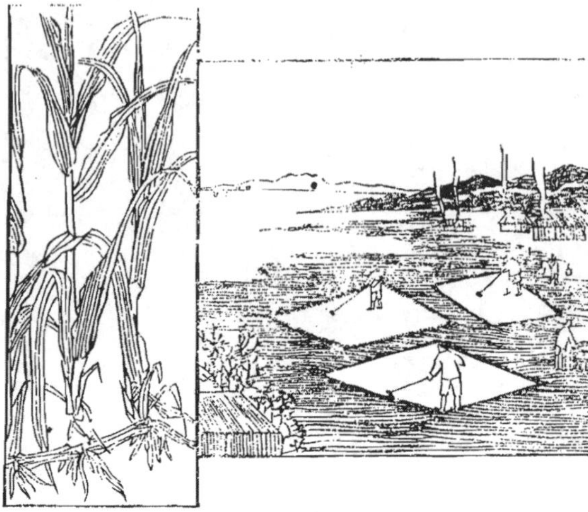

第一 鹽及砂糖

食物에鹹味를調ᄒᆞᄂᆞᆫ者ᄂᆞᆫ鹽이오甘味를生케ᄒᆞᆷ은砂糖이라。

我等의常用ᄒᆞᄂᆞᆫ鹽은다海水로좃ᄎᆞ生ᄒᆞᄂᆞ니鹽을製造ᄒᆞᆷ은恒常海邊에生活ᄒᆞᄂᆞᆫ者의業이니라。

鹽을製造ᄒᆞᆷ에ᄂᆞᆫ먼져海邊의

初等小學卷八目次

隆熙元年十一月　日

初等小學 八

國民教育會三板

陛下는맛당히奮發ᄒᆞ샤中興ᄒᆞ심을圖ᄒᆞ시며羣臣도ᄯᅩᄒᆞᆫ合同ᄒᆞ야中興을輔ᄒᆞᆯ것이어ᄂᆞᆯ朝廷의內에合心치못ᄒᆞ오니然ᄒᆞᆫ則國家는危亡ᄒᆞ고己ᄒᆞᆯ지라엇지痛哭ᄒᆞᆯ事가아니오닛가臣이今에비록辭歸ᄒᆞ오나變亂이有ᄒᆞᆯ진ᄃᆡ死로써國을報ᄒᆞ고敢히

陛下를負치아니호리이다、」ᄒᆞ니라

內에一箇男子도勇起ᄒᆞᄂᆞᆫ者가無ᄒᆞ니엇지萬古의
큰羞耻가아니리오。」
드듸여其家中의財産을散ᄒᆞ며忠義의言으로人心
을激動ᄒᆞ야義旅를募集ᄒᆞ니從者가雲과如히集合
ᄒᆞ야敵兵을擊ᄒᆞ미智謀와勇略은實노人의意外에
出ᄒᆞ야敵兵을無數히大破ᄒᆞᆫ지라公이戰時에ᄂᆞᆫ恒
常紅衣를着ᄒᆞᄂᆞᆫ故로公의到ᄒᆞᆫ바마다敵兵이望見
ᄒᆞ고문득逃去ᄒᆞ면셔紅衣將軍이라稱ᄒᆞ더라。
맛참事를因ᄒᆞ야官을辭歸ᄒᆞᆯ時에䟽를上ᄒᆞ야曰、
「今日의國勢가危ᄒᆞ온則

ᄂᆞᆫ賞을與ᄒᆞᆫ다ᄒᆞ니此老翁은卽其國의王이러라。

第二十九 郭再佑

郭再佑ᄂᆞᆫ

宣祖朝名人이라其時에日本이大兵으로써我國을侵ᄒᆞ미我軍은屢次敗績ᄒᆞ야國勢가자못危殆ᄒᆞᆫ지라。

於是에公이奮慨ᄒᆞᆫ心과忠義의氣ᄅᆞᆯ勝치못ᄒᆞ야大聲으로言ᄒᆞ되「聖朝의開國ᄒᆞ신지二百年에恩澤은臣民을涵養ᄒᆞ셧거ᄂᆞᆯ今에國家에大變이有ᄒᆞ미다一身만保全코져ᄒᆞ고國家ᄂᆞᆫ憂치아니ᄒᆞ야八道의

의斧인가ᄒᆞᆫᄃᆡ童子가其金斧를見ᄒᆞ고然ᄒᆞ다對答ᄒᆞ고져ᄒᆞ다가忽然히學校에셔眞實ᄒᆞᆷ을行ᄒᆞ라ᄒᆞᆷ을ᄉᆡᆼ각ᄒᆞ야曰此ᄂᆞᆫ我의斧가아니라ᄒᆞᆫᄃᆡ。

老人이銀柯의斧를示ᄒᆞ야前과如히又問ᄒᆞᆫ則童子ᄂᆞᆫ又如前히答ᄒᆞ더니最終에一木柯의斧를示ᄒᆞ니此卽童子의失ᄒᆞᆫ者라童子ᄂᆞᆫ恭敬히對答ᄒᆞ되此가我의失ᄒᆞᆫ바니金銀의柯보다더욱貴重ᄒᆞ오이다ᄒᆞᄂᆞᆫ지라。

老翁이此兒의正直ᄒᆞᆷ을見ᄒᆞ고極히感嘆ᄒᆞ야其三斧를皆賜ᄒᆞ야曰汝ᄂᆞᆫ正直ᄒᆞᆫ男子라眞實ᄒᆞᆷ을行ᄒᆞ

坐ᄒᆞ야嘆息ᄒᆞ야我의斧ᄅᆞᆯ何處에覓ᄒᆞᆯ가ᄒᆞ더라。

是時에一老人이杖을依ᄒᆞ고此處ᄅᆞᆯ過ᄒᆞ다가童子의形狀을見ᄒᆞ고其故ᄅᆞᆯ聞知ᄒᆞᆫ後에慰勞ᄒᆞ야曰、

「너무근심치말지어다我가或汝의斧ᄅᆞᆯ尋ᄒᆞ얏스면汝가汝의斧ᄅᆞᆯ見ᄒᆞ고能히知ᄒᆞ깃ᄂᆞ냐今朝에我가一斧ᄅᆞᆯ得ᄒᆞ얏노라。」

老翁이드듸여黃金으로斧柯ᄅᆞᆯ作ᄒᆞᆫ者ᄅᆞᆯ示ᄒᆞ야曰此가汝

古來文章事業家가 工夫ᄒᆞ야되얏ᄂᆞ니。
낫에비고밤에닑어 熱心으로쉬지말면。
日就月將절로되야 有名한이되고나네。
歲月이만타해도 ᄒᆞᆫ번가면오지안소。
이내몸이적다해도 國民中의ᄒᆞ나이니。
우리나라잘되랴면 工夫안코ᄒᆞᆯ수업네。

第二十八 斧

古昔에十二三歲된童子가其生業을營爲ᄒᆞᄂᆞᆫ斧를失ᄒᆞᆫ故로四方으로차지나得지못ᄒᆞᆫ지라엇지ᄒᆞᆯ줄을知치못ᄒᆞ고兩眼에涙가雙流ᄒᆞ면셔松根上에獨

가지우에안진새ᄂᆞᆫ 됴흔소ᄅᆡ노ᄅᆡᄒᆞ고。
그늘밋헤섯ᄂᆞᆫ牛羊 ᄶᅦ를지어퍼셔ᄒᆞ네。

(二)

大洋中에珊瑚島ᄂᆞᆫ 적은벌네재음이라。
모래ᄀᆞᆺ치적은겁질 모고모며ᄯᅩ모은다。
낫과밤을쉬지안코 一心으로집을지니。
山도되고바회되야 나종에ᄂᆞᆫ大島되데。

(三)

草芽樹花여긔져긔 太陽빗헤찬란ᄒᆞ오。
여러힘을모고모면 못ᄒᆞᆯ일이어ᄃᆡ잇나。
쉬잔코부지런ᄒᆞ면 못ᄒᆞᆯ사업업ᄂᆞ니라。
힘을쓰오힘을쓰오 힘을쓰어工夫ᄒᆞ오。

國家는一人으로成치못ᄒᆞ고多數ᄒᆞᆫ人의集合力으로成ᄒᆞᄂᆞ니諸君이國家를搆成ᄒᆞ얏신則諸君은各其勉勵ᄒᆞ야幼時에在ᄒᆞ야將來에負荷ᄒᆞᆫ國民의義務를盡ᄒᆞᆯ預備를作ᄒᆞᆯ지어다。

第二十七 短歌

(一)

크고큰저참나무 도토리로ᄉᆡᆼ겨낫네。
地中에깁히뭇쳐 적은싹이차차난다。
간혼ᄲᅧ리실과ᄀᆞᆺ치 이리저리얼키엿고。
풀은입새적은가지 空中으로소사나셔。
不知不識몃몃히에 根固枝繁ᄒᆞ얏도다。

로許多ᄒᆞᆫ年月을經ᄒᆞ미砂粒ᄀᆞ치小ᄒᆞᆫ者가맛ᄎᆞᆷᄂᆡ海上에大島를成ᄒᆞ야幾千里의大周回에至ᄒᆞ야島上에人이居住홈을得ᄒᆞᄂᆞ니라。

勤勉ᄒᆞᆫ人은言ᄒᆞ되書를讀ᄒᆞ면書中으로붓허弘大ᄒᆞᆫ學問과廣濶ᄒᆞᆫ智慧ᄂᆞᆫ晝夜로繼續ᄒᆞ며歲月을積累ᄒᆞ야我로ᄒᆞ야금世界上에博學家와有用人이되게ᄒᆞᆫ다ᄒᆞᄂᆞ니라。

讀書ᄒᆞᄂᆞᆫ諸君아諸君의讀書ᄒᆞᄂᆞᆫ目的은何에在ᄒᆞᆫ가오직國家와社會에福利가되ᄂᆞᆫ事를作ᄒᆞ기로힘쓸지어다。

라ᄒᆞᄂᆞ니汝等은맛당히心을堅固케ᄒᆞᆯ지어다。

第二十六 勤勉의三課

岩頭의橡樹ᄂᆞᆫ今日에巨大ᄒᆞᆷ을能致ᄒᆞ얏스나其初에在ᄒᆞ야ᄂᆞᆫ一介微小ᄒᆞᆫ橡實로븟허生ᄒᆞᆷ이라其芽ᄅᆞᆯ始發ᄒᆞᄆᆡ極히小ᄒᆞ며又其長大ᄒᆞᆷ도極히遲ᄒᆞ나日을經ᄒᆞ고年을過ᄒᆞ야終에ᄂᆞᆫ巨大ᄒᆞᆷ에至ᄒᆞᄂᆞ니飛鳥ᄂᆞᆫ其枝에棲ᄒᆞ며牛羊은其陰에憩ᄒᆞᄂᆞ니라。

珊瑚島ᄂᆞᆫ太平洋中에浮在ᄒᆞᆫ島라諸君이聞知ᄒᆞ얏ᄂᆞᆫ가此ᄂᆞᆫ微小ᄒᆞᆫ無數의珊瑚虫이海底에在ᄒᆞ야其殼을脫ᄒᆞ야此ᄅᆞᆯ積累ᄒᆞ되暫時도休息지아니ᄒᆞᆷ으

此皆極히美好ᄒᆞᆫ願이라然ᄒᆞ나汝等은此를致코져ᄒᆞ면맛당히志를固立ᄒᆞ고心을專一히ᄒᆞ야事에就ᄒᆞᆯ지어다。

大凡人의望ᄒᆞᄂᆞᆫ바를言ᄒᆞ기ᄂᆞᆫ易ᄒᆞ나成就ᄒᆞ기ᄂᆞᆫ難ᄒᆞ야極難ᄒᆞᆫ試驗이中間에多生ᄒᆞᄂᆞ니此를堪耐ᄒᆞ여야可ᄒᆞ니라。

古來로봇허有名ᄒᆞᆫ事業家ᄂᆞᆫ다困苦를經ᄒᆞ야其心을鍛煉ᄒᆞ야셔諸事를當ᄒᆞᆯ지라도조곰도沮喪치아니ᄒᆞ고더욱勇進ᄒᆞᄂᆞ니古語에云ᄒᆞ되志願은事業을成就ᄒᆞᄂᆞᆫ先驅오困苦ᄂᆞᆫ事業을成就ᄒᆞᄂᆞᆫ良師友

仲勇은言ᄒᆞ되、
「小子ᄂᆞᆫ農業을發達ᄒᆞ야全國의人民을生活케ᄒᆞ
고져ᄒᆞᄂᆞ니다。」
孟吉은暫時間思量ᄒᆞᆫ後에言
ᄒᆞ되、
「小子ᄂᆞᆫ商業을學ᄒᆞ야家를
富케ᄒᆞ며國을富케ᄒᆞ고져
ᄒᆞᄂᆞ이다。」
其父親은此三兒의志를聞ᄒᆞ
고大喜ᄒᆞ야曰、

第二十五 兒童의願

一家에兒童三兄弟가有ᄒᆞ니長은孟吉이오次ᄂᆞᆫ仲勇이오又其次ᄂᆞᆫ季喆이라孟吉은智慧가多ᄒᆞ고仲勇은柔和ᄒᆞ며季喆은勇力이多ᄒᆞ더라。

一日은其父親이此三兒를다리고試ᄒᆞ야問ᄒᆞ되、

「汝等三兄弟ᄂᆞᆫ後日에如何ᄒᆞᆫ人이되기를願ᄒᆞᄂᆞ냐各其志를言ᄒᆞ라。」

於是에季喆이먼져言ᄒᆞ되

「小子ᄂᆞᆫ世界에無雙ᄒᆞᆫ英雄이되고國家에第一功臣이되야國家의光威를天下에宣코져ᄒᆞᄂᆞ이다。」

民이皆其忠心을感服ᄒᆞ야文明ᄒᆞᆫ治化를可見ᄒᆞ깃다ᄒᆞ며男과女가各各其路를分行ᄒᆞ야오직趙公의令을深信ᄒᆞ더라。

朝廷에ᄂᆞᆫ모든奸臣을放逐ᄒᆞ고賢良이登庸ᄒᆞ더니그被逐ᄒᆞᆫ奸臣等이秘密히

皇上의게讒誣ᄒᆞ야趙公을殺ᄒᆞᆷ에至ᄒᆞ나公은國家를愛ᄒᆞ며君上의게忠ᄒᆞᄂᆞᆫ心이조곰도變치아니ᄒᆞ고其死ᄒᆞᆷ을臨ᄒᆞ야歌를作ᄒᆞ야其志를現ᄒᆞ니라。

인군ᄉᆞ랑아비ᄀᆞᆺ고、나라근심집ᄀᆞᆺ도다。

下土에臨ᄒᆞᆫ흰날빗、ᄇᆞᆰ게丹衷빗최엿다。

中宗씌옵셔國家를文明케ᄒᆞ고져ᄒᆞ샤國內의賢良을登庸ᄒᆞ실ᄉᆡ趙公을特別히選ᄒᆞ샤一年의中에大司憲에至ᄒᆞ니라。趙公이皇上의恩遇ᄒᆞ심을感激ᄒᆞ야晝夜로國事에心을盡ᄒᆞ야스ᄉᆞ로國家를文明케ᄒᆞ기로期約ᄒᆞ야舊日의弊를업시ᄒᆞ고一新ᄒᆞᆫ開化를ᄒᆞ고져ᄒᆞ더라。

是以로公이堅確ᄒᆞᆫ志操와卓越ᄒᆞᆫ識見으로먼져詩賦의科法을廢ᄒᆞ고賢良科를設ᄒᆞ야全國의人才를需用코져ᄒᆞ고貴賤은關係치아니ᄒᆞ더라。

趙公이大司憲으로法을司ᄒᆞ미極히公平홈으로人

立ᄒᆞ니此ᄂᆞᆫ南方을通ᄒᆞᄂᆞᆫ第一要衝이니라。

金剛山은江原道淮陽郡에在ᄒᆞ니我國에第一名山이라全山이白石으로成ᄒᆞ야奇異ᄒᆞᆫ形狀이天을撑支ᄒᆞᆫ듯ᄒᆞ며上峯은毗盧峯이니寺刹이數多ᄒᆞᆫᄃᆡ其中에楡店寺가最大ᄒᆞ니라。

此外에도巨大ᄒᆞᆫ名山이甚多ᄒᆞ니라。

第二十四 趙光祖

趙光祖의號ᄂᆞᆫ靜庵이니我中宗朝에賢ᄒᆞᆫ宰相이라諸子들은我國의歷史를學ᄒᆞᆫ時에응당知得ᄒᆞ야시리라。

漢拏山은全羅道濟州郡北에在ᄒᆞ니我國의第二高山이라山上에白鹿潭이有ᄒᆞ니水ᄂᆞᆫ深黑ᄒᆞ야近看키難ᄒᆞ며溪澗의邊에金莎가密立ᄒᆞ야風이來ᄒᆞ면樂音을奏ᄒᆞᄂᆞᆫ듯ᄒᆞ며山頂에ᄂᆞᆫ白雪이四時에消치아니ᄒᆞᄂᆞᆫ處가有ᄒᆞ니라。

鳥嶺은慶尙道聞慶郡에在ᄒᆞ니我國의第三高山이라其上峯은主屹峯이니靑天에揷ᄒᆞᆫ듯ᄒᆞ며峯의北麓에ᄂᆞᆫ惠國寺가有ᄒᆞ고全山에ᄂᆞᆫ松樹가蒼蒼ᄒᆞ며藥草ᄂᆞᆫ自生自枯ᄒᆞ야人跡이稀到ᄒᆞ며山坂을依ᄒᆞ야大路를通ᄒᆞ며嶺上에城을築ᄒᆞ야上中下三門을

第二十三 我國의名山

我國의內地에山岳이重疊ᄒᆞ야地勢가險峻ᄒᆞ니其中에ᄀᆞ장有名ᄒᆞᆫ高山이極多ᄒᆞ니라。

智異山은全羅道南原郡에在ᄒᆞ니我國內地의第一高山이라其位置ᄂᆞᆫ十餘郡을占據ᄒᆞ니上峯에ᄂᆞᆫ日月臺가有ᄒᆞ야日月의出沒을觀ᄒᆞ며山의北麓에ᄂᆞᆫ靈隱寺와君子洞과嚴川江의勝景이有ᄒᆞ야人의精神을快爽케ᄒᆞ며松栢과竹樹ᄂᆞᆫ全山에蒼蒼ᄒᆞ고栗과柿ᄂᆞᆫ自熟ᄒᆞ야自落ᄒᆞ며山의南은河東과晉州를接ᄒᆞ야大海에臨ᄒᆞᄂᆞ니라。

에浮ᄒᆞᆷ을見ᄒᆞᆫ則鳥가瞥眼間에湧出ᄒᆞᆷ과如ᄒᆞ고其息을因ᄒᆞ야水를噴出ᄒᆞᆷ은恰然히雨를降ᄒᆞᆷ과同ᄒᆞ며口中에ᄂᆞᆫ齒가無ᄒᆞ고簾과如ᄒᆞᆫ鬚가有ᄒᆞ니此ᄂᆞᆫ小魚를呑入ᄒᆞᆯ時에口中에入ᄒᆞᆫ水를噴出ᄒᆞ고魚만留ᄒᆞᄂᆞ니라。

鯨은其用이多ᄒᆞᆫ者라皮膚下에厚가一尺餘되ᄂᆞᆫ脂肪이有ᄒᆞ니此를取ᄒᆞ야燈油를製ᄒᆞᆫ則極好ᄒᆞ며肉은又其下에在ᄒᆞ니脂肉을共히人의食物에供ᄒᆞᄂᆞ니라又鯨鬚ᄂᆞᆫ彈力이甚强ᄒᆞᆫ故로器用을製造ᄒᆞᄂᆞ니라。

空氣를呼吸ᄒᆞ나鯨은肺臟으로空氣를呼吸ᄒᆞ며魚의血은冷ᄒᆞ나鯨의血은溫ᄒᆞ니此로由ᄒᆞ야見ᄒᆞ면魚類에屬지아니ᄒᆞ고獸類에屬ᄒᆞᆷ이明ᄒᆞ니라。

鯨은身의長이通常八九丈이오周圍가四五丈에至ᄒᆞᄂᆞᆫ者가有ᄒᆞ니頭ᄂᆞᆫ甚히長大ᄒᆞ며上에空氣를呼吸ᄒᆞᄂᆞᆫ二孔이有ᄒᆞ니라。其水面

王이四方을征服ᄒᆞ야領土를開拓ᄒᆞ고衛滿이失ᄒᆞᆫ
故地를恢復ᄒᆞ며更히支那의地를領有ᄒᆞ야今日支
那의盛京吉林에至ᄒᆞ얏더라。
如是히國을傳ᄒᆞᆫ지七百餘年에至ᄒᆞ야新羅에게亡
ᄒᆞ니라。

第二十二　鯨

動物中에最大ᄒᆞᆫ者ᄂᆞᆫ鯨이라鯨은海에在ᄒᆞ나外形
은魚와如ᄒᆞᆫ故로魚類라稱ᄒᆞ나其實은魚와似ᄒᆞᆫ바
ᄂᆞᆫ少ᄒᆞ고獸와同ᄒᆞᆷ이多ᄒᆞ니라。
凡魚類ᄂᆞᆫ卵生이나鯨은胎生이며魚ᄂᆞᆫ鰓로水中의

者를朱蒙이라ᄒᆞ거ᄂᆞᆯ朱蒙이弓을善射ᄒᆞᆷ이러라。

朱蒙의兄弟가七人이有ᄒᆞ나其才能이다朱蒙에及지못ᄒᆞ야其父의게讒誣ᄒᆞ야殺害코져ᄒᆞ거ᄂᆞᆯ朱蒙이그親信ᄒᆞᄂᆞᆫ者三人으로더부러逃走ᄒᆞᆯᄉᆡ清河水에至ᄒᆞᆫ則舟가無ᄒᆞ고追兵은及ᄒᆞ더니忽然히水中에셔魚鼈이相聚ᄒᆞ야橋를成ᄒᆞᆷ으로急渡ᄒᆞ얏다ᄒᆞ니라。

朱蒙이드듸여卒本扶餘에至ᄒᆞ야王이되며國號를高句麗라稱ᄒᆞ니時ᄂᆞᆫ新羅太祖赫居世二十一年이러라。

高句麗太祖의姓은高오諱는朱蒙이니初에扶餘王解扶婁가年老토록子가無ᄒᆞ더니一日은王의馬가逸ᄒᆞ야鯤淵에至ᄒᆞ야大石을當ᄒᆞ야立ᄒᆞ거ᄂᆞᆯ王이怪異히녁여大石을見ᄒᆞ니石下에一小兒가有ᄒᆞ야面色은黃金과如ᄒᆞ고形貌ᄂᆞᆫ蛙와同ᄒᆞ거ᄂᆞᆯ王이大喜ᄒᆞ야曰此ᄂᆞᆫ天이朕의게兒子ᄅᆞᆯ賜ᄒᆞ심이라ᄒᆞ고金蛙라名ᄒᆞ니라。

金蛙가長成ᄒᆞ야太子가되야解扶婁의後ᄅᆞᆯ承ᄒᆞ야王이되며柳花라ᄒᆞᄂᆞᆫ女子ᄅᆞᆯ娶ᄒᆞ야后ᄅᆞᆯ삼어셔朱蒙을生ᄒᆞ니朱蒙이라名ᄒᆞᆷ은當時에弓을善射ᄒᆞᄂᆞᆫ

其父ᄂᆞᆫ一朝에其女兒ᄅᆞᆯ呼ᄒᆞ야幾何의會員을募得ᄒᆞ얏ᄂᆞ냐問ᄒᆞ니其女兒가곳自己의室中에往ᄒᆞ야前의盟約書ᄅᆞᆯ父의게納ᄒᆞ니父가此ᄅᆞᆯ受ᄒᆞ야其人員을計數ᄒᆞ거ᄂᆞᆯ其女兒ᄂᆞᆫ其頰을復打ᄒᆞᆯ가畏ᄒᆞ더니其計筭을終ᄒᆞ미和色으로其女兒의게謂ᄒᆞ야曰汝ᄂᆞᆫ발셔百五十人을募得ᄒᆞ얏도다ᄒᆞ니其女兒가父親이怒치아니ᄒᆞᆷ을見ᄒᆞ고其父의膝下에坐ᄒᆞ야父의게請ᄒᆞ야曰父親이萬一加盟ᄒᆞ시면百五十一人을得ᄒᆞ겟ᄂᆞ이다ᄒᆞᆫᄃᆡ其父가곳加盟ᄒᆞ더라。

第二十一　高句麗史

苦홈을堪치못ᄒᆞ나然ᄒᆞ나오히려盟約書를堅執ᄒᆞ고놋치아니ᄒᆞ니其父가此를見ᄒᆞ고心中에其過誤홈을悔ᄒᆞ되오직言치아니ᄒᆞ더라。

此幼女ᄂᆞᆫ其母親의慰勞홈을得ᄒᆞ야其日에도學校에往ᄒᆞ야教師와學員의게請ᄒᆞ야多數의同意者를得ᄒᆞᆫ지라家에歸ᄒᆞ야其盟約書를母親의게示ᄒᆞ면셔ᄉᆞᄉᆞ로喜悅ᄒᆞ되敢히其父親에게ᄂᆞᆫ言치못ᄒᆞ고오직其悔改ᄒᆞ기만기다리더라。

然ᄒᆞ나其父ᄂᆞᆫ始終을其女의게注目ᄒᆞ야其心을奇特히넉여前의過誤를深히悔ᄒᆞ더라。

古時에酒를戒ᄒᆞᄂᆞᆫ演說者一人이學校에往ᄒᆞ야戒酒의演說을ᄒᆞᆫ後에盟約書를出示ᄒᆞ면셔何人이던지此地方에셔若干의會員을募集ᄒᆞᄂᆞᆫ者가잇스면此를與ᄒᆞ짓노라ᄒᆞ니時에七八歲쯤되ᄂᆞᆫ女兒가其席에出ᄒᆞ야此를受ᄒᆞ고大喜ᄒᆞ야家에歸ᄒᆞ더라。

其夜에幼女의父親은大醉ᄒᆞ야歸來ᄒᆞ거ᄂᆞᆯ幼女가其明朝에盟約書를持ᄒᆞ고父親의게往示ᄒᆞ야盟홈을請ᄒᆞᆫᄃᆡ父親이大怒ᄒᆞ야其女兒를睍視ᄒᆞ면셔大責ᄒᆞ야曰「汝ᄂᆞᆫ何故로此等不緊ᄒᆞᆫ것을持來ᄒᆞ얏ᄂᆞ냐」ᄒᆞ고大拳으로其女兒의頰을打ᄒᆞ니其女兒ᄂᆞᆫ痛

을負ᄒᆞᆫ故로蜂의螫ᄒᆞᆷ을畏ᄒᆞ지아니ᄒᆞ고偃然히動
치아니ᄒᆞᄂᆞᆫ지라於是에蜂等은一計ᄅᆞᆯ出ᄒᆞ얏더라。
諸蜂이力을並ᄒᆞ야蜜로蝸ᄅᆞᆯ木板에단단히븟쳐셔
運動치못ᄒᆞ게ᄒᆞ얏더니蝸ᄂᆞᆫ奈何치못ᄒᆞ며食物을
得지못ᄒᆞ야드듸여餓死ᄒᆞ얏더라。
大抵蜂은一小虫이로ᄃᆡ能히妙計ᄅᆞᆯ出ᄒᆞ야禍難을
避ᄒᆞ얏스니人도是와如히力을並ᄒᆞ며心을同ᄒᆞᆯ진
ᄃᆡ其團合ᄒᆞᆷ이더욱堅固ᄒᆞ야비록外來ᄒᆞᄂᆞᆫ侵侮가
有ᄒᆞᆯ지라도防禦ᄒᆞ기에足ᄒᆞᆯ지니라。

第二十　幼女의話

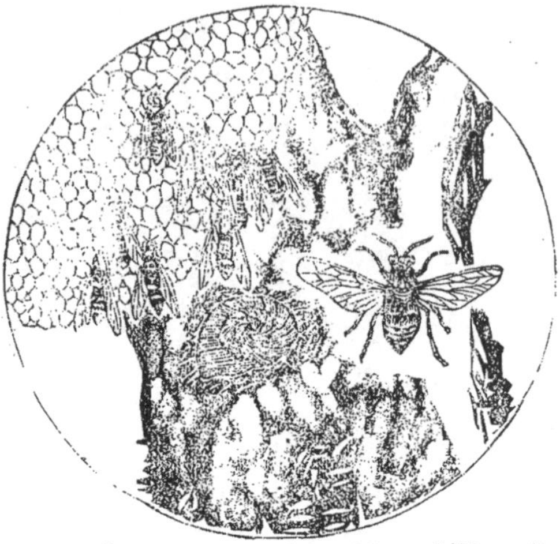

六里가되ᄂᆞᆫ處라도能히가셔花를尋ᄒᆞ며其還來ᄒᆞᆯ時에風雨를만나면花葉間에依托ᄒᆞ야留宿ᄒᆞ얏다가風雨가긋치면還歸ᄒᆞᄂᆞ니라。

蜜蜂은蜜을釀ᄒᆞᆯ뿐아니라又蠟을作ᄒᆞ야巧ᄒᆞ게其房을營作ᄒᆞ고其內에蜜을貯蓄ᄒᆞᄂᆞ니라。

一蝸가有ᄒᆞ야蜜蜂의房中에向ᄒᆞ야入ᄒᆞ거ᄂᆞᆯ蜂等이다ᄂᆞᆯ나셔逐出ᄒᆞ되蝸ᄂᆞᆫ其背에殼

는油라此物은人人이知ᄒᆞ는바와如히毒臭가有ᄒᆞ나然ᄒᆞ나善히燃燒ᄒᆞ는故로燈油로用홈이最多ᄒᆞ니라。

石油는其初의土中으로붓허汲出홀時는鳶色이오又濁ᄒᆞᆫ物이나此를精製ᄒᆞ면極히淸淨ᄒᆞ야燃料에供ᄒᆞᄂᆞ니라。

現今我國에는아즉石油의產出地를發見홈이無홈으로我國의用品은悉皆外國에서輸入ᄒᆞᄂᆞ니라。

第十九 蜜蜂과蝸

蜜蜂은才虫이라그蜜을求ᄒᆞ려갈ᄯᆡ에其巢에셔五

ᄒᆞ고色이黑ᄒᆞ며其質이能히燃ᄒᆞ고熱度가高ᄒᆞᆫ故로强大ᄒᆞᆫ力을用코져ᄒᆞ면반다시此를用ᄒᆞᄂᆞ니라。

石炭은古昔時代의樹木이地中에藏埋ᄒᆞ야多年을積累ᄒᆞ야石과如히되ᄂᆞᆫ故로萬一石炭을精密히觀察ᄒᆞ면草葉과木理가尙存ᄒᆞᄂᆞ니라。

世間에石炭의産出ᄒᆞᄂᆞᆫ地方이極多ᄒᆞ니我國에도ᄯᅩᄒᆞᆫ産出ᄒᆞ야平壤의石炭ᄀᆞᆺᄒᆞᆫ者ᄂᆞᆫ烟煤가無ᄒᆞ야品質이良好ᄒᆞ니此等炭鑛에ᄂᆞᆫ大ᄒᆞᆫ機器를設置ᄒᆞ야盛ᄒᆞ게採掘ᄒᆞᄂᆞ니라

石油ᄂᆞᆫ或石腦油라稱ᄒᆞᄂᆞ니地中으로븟허湧出ᄒᆞ

ᄒᆞ거늘力을盡ᄒᆞ야外皮를破裂ᄒᆞᆫ則其中에아모것도업고空虛ᄒᆞᆫ지라。

於是에此狐ᄂᆞᆫ失心ᄒᆞ야도로地에降下ᄒᆞ야鷄를食코져차지나鷄ᄂᆞᆫ발셔遠히走ᄒᆞᆫ故로狐ᄂᆞᆫᄒᆞᆯ수업셔鼻를地에接ᄒᆞ야냄새만맛고다니더라。

此狐ᄂᆞᆫ大ᄒᆞᆫ物을食코져ᄒᆞ다가小ᄒᆞᆫ物ᄭᆞ지失ᄒᆞ얏도다

第十八　石炭과石油

今日에滊車와滊船과工場에巨大ᄒᆞᆫ蒸氣力을要ᄒᆞᄂᆞᆫ데ᄂᆞᆫ다石炭을需用ᄒᆞᄂᆞ니石炭은其形이石과如

狐가此鷄를잡아먹고져ᄒᆞ야急히走ᄒᆞᆯ際에其頭上에서一大聲이忽生ᄒᆞᄂᆞᆫ故로狐가大驚ᄒᆞ야仰見ᄒᆞ니此ᄂᆞᆫ枝上에一鼓가懸在ᄒᆞ야風力이樹枝로鼓를打ᄒᆞ야聲을生케ᄒᆞᆷ이라。

此狐가自來로鼓를見치못ᄒᆞᆫ지라今에此聲을聞ᄒᆞ고스ᄉᆞ로想覺ᄒᆞ되이것이ᄒᆞᆫ肥大ᄒᆞᆫ즘싱이라ᄒᆞ고急히樹上에登ᄒᆞ야鼓를食ᄒᆞ려ᄒᆞ니兩邊이甚히堅固ᄒᆞ야齒가入치아니

成ᄒᆞᆫ人이라家와國의重任을負荷ᄒᆞᆯ者니家의繁昌은卽國의繁昌이라國은家의大ᄒᆞᆫ者니라。然ᄒᆞᆫ則學生諸子ᄂᆞᆫ幼年으로自處치말고各其兩肩上의負ᄒᆞᆫ重荷ᄅᆞᆯ深히念ᄒᆞᆯ지어다。吾人은무ᄉᆞᆫ職業이던지各各一心으로勤勉ᄒᆞ야家가富ᄒᆞ면國이富ᄒᆞ리니家國이富ᄒᆞ면自己의身도ᄯᅩᄒᆞᆫ榮貴ᄒᆞᆯ지니라

第十七　狐와鼓

一早朝에ᄒᆞᆫ쥬린狐가食物을求ᄒᆞ려四方으로다니더니만참一鷄가花園에셔虫을쪼아먹ᄂᆞᆫ지라。

만히儲蓄ᄒᆞ얏슬지라도手ᄅᆞᆯ拱ᄒᆞ고優遊ᄒᆞ야日을
度ᄒᆞᆯ진ᄃᆡ其金錢은漸散ᄒᆞ야맛참내貧人이되거던
ᄒᆞ물며當初에貧ᄒᆞᆫ者리오。

然ᄒᆞᆫ則人은幼時로븟허身分과才能에適合ᄒᆞᆫ職業
을學習ᄒᆞ야後日長成ᄒᆞᆯ時에應用ᄒᆞᆯ基本을作ᄒᆞᆷ이
可ᄒᆞ니古語에云ᄒᆞ되幼에學ᄒᆞᆷ은長에行코져ᄒᆞᆷ이
라ᄒᆞ니幼男幼女의諸學徒아今日에勤勉히學ᄒᆞ야
後日에實行ᄒᆞ라時間은再來치아니ᄒᆞᄂᆞ니라。

家의繁昌을謀ᄒᆞᆷ에ᄂᆞᆫ各其幼年의兒童을敎育ᄒᆞ야
後日의職業을作케ᄒᆞᆯ지니今日에幼年은將來의長

此時를當ᄒᆞ야農夫ᄂᆞᆫ엇지ᄒᆞ면此三箇物을조금도傷치아니ᄒᆞ고安全히옴길ᄂᆞᆫ지이윽히想覺ᄒᆞ다가맛참내其方法을得ᄒᆞ얏다ᄒᆞ니智信아汝도想覺ᄒᆞ야보아라」。

智信이聽畢ᄒᆞᆫ後에椅子에靜坐ᄒᆞ야默然히想覺ᄒᆞ더니ᄒᆞᆫ참잇다가其方法을想覺ᄒᆞᆫ故로蘭姬ᄂᆞᆫ미우稱賛ᄒᆞ얏소。

第十六　人의職業

人의生活은各其職業을務ᄒᆞ야其所得으로써衣食住等을備치아니ᄒᆞᆷ이不可ᄒᆞ니假令富人이金錢을

ᄒᆞᆫ事ᄅᆞᆯ如何히ᄒᆞᆯ가問ᄒᆞ야其智慧ᄅᆞᆯ試ᄒᆞ얏소

蘭姬가言ᄒᆞ되、

一智信아昔時에一農夫가狐ᄅᆞᆯ生擒ᄒᆞ야鷄와밋穀物을ᄒᆞᆷ씌가지고場市에往賣ᄒᆞᆯ셔其中路에一大川이有ᄒᆞ니오직一條의木橋가잇실ᄯᅡᄅᆞᆷ이라三箇物을一次에다가지고渡ᄒᆞᆯ수가업거ᄂᆞᆯ그農夫가ᄒᆞ나式옴기려ᄒᆞ나萬一먼져穀物을옴긴則뒤에서狐가鷄ᄅᆞᆯ먹을터이오또狐ᄅᆞᆯ먼져옴긴則鷄가穀物을먹을터이라將次何物을먼져옴길ᄂᆞᆫ지아모리想覺ᄒᆞ야도다良策이無ᄒᆞᆫ지라。

王의后는閼英이니閼英井傍에셔生홈으로閼英이라名ᄒᆞ니極히仁聖홈으로時에王과后를稱ᄒᆞ야二聖이라ᄒᆞ니라。

王이國을다ᄉᆞ리미德化가大行ᄒᆞ야風俗이極히善美ᄒᆞᆫ지라是以로日本人이來侵ᄒᆞ다가王의聖德을聞ᄒᆞ고退去ᄒᆞ며又樂浪人이來襲ᄒᆞ다가人民이夜에門을開ᄒᆞ며野에穀을積홈을見ᄒᆞ고스ᄉᆞ로感化ᄒᆞ야退去ᄒᆞ니라。

第十五　蘭姬의話

一日은蘭姬라ᄒᆞ는女子가其同生文智信에게左開

오名은赫居世니王位에即ᄒᆞ실時에春秋가十三이오號를居西干이라稱ᄒᆞ니라。是에先ᄒᆞ야朝鮮人이海邊과山間에分居ᄒᆞ야慶州地方에六村을創設ᄒᆞ니此ᄂᆞᆫ辰韓의六部라稱ᄒᆞᄂᆞᆫ者라。王이楊山에셔誕生ᄒᆞ엿더니其幼時에高墟村에居ᄒᆞᄂᆞᆫ蘇伐公이養育ᄒᆞ야年이十三에及ᄒᆞᄆᆡ甚히夙成ᄒᆞ며神聖ᄒᆞᆫ지라於是에六部의人民이馬韓과分離ᄒᆞ야王을立ᄒᆞ야君長을삼고國號를新羅라ᄒᆞ며都城을徐耶伐이라稱ᄒᆞ니今日에都城을(셔울)이라ᄒᆞᆷ은此에셔流傳ᄒᆞᆷ이러라。

라ᄒᆞ고因ᄒᆞ야貞吉이衣襟을다시整齊히ᄒᆞ고書案의前에就ᄒᆞ야書를讀ᄒᆞ니라。

是後로븟허貞吉이簷水穿石의一句를恒常心中에思ᄒᆞ고萬一困苦ᄒᆞᆫ事를當ᄒᆞ면반다시스사로戒責ᄒᆞ니라。

第十四 新羅太祖赫居世

新羅ᄂᆞᆫ箕氏朝鮮의後를繼ᄒᆞᆫ王國이니其開國紀元은西曆紀元前五十七年이라其國太祖의姓은朴이

의心神을怡悅케ᄒᆞᄂᆞᆫ지라。

貞吉이四面을眺ᄒᆞ다가簷水가層階에落홈을覩ᄒᆞ니簷水의連落ᄒᆞᄂᆞᆫ階石에手指를可容ᄒᆞᆯ一小穴이有ᄒᆞᆫ지라。

貞吉이此를見ᄒᆞ고甚히奇異히녁여思ᄒᆞ되簷水의落홈은極小ᄒᆞᆫ水鈴이오階石은堅固ᄒᆞᆫ物質이어ᄂᆞᆯ長年의落水가一處에連落홈을因ᄒᆞ야自然히穴을成홈이라彼石의堅固홈을水가能히穿ᄒᆞ얏스니萬一忍耐ᄒᆞᄂᆞᆫ心과積累ᄒᆞᄂᆞᆫ功으로事를行ᄒᆞ면무슨難事가有ᄒᆞ리오我가將次是로써我의戒를作ᄒᆞ리

極히清潔ᄒᆞᆫ故로汝를擇ᄒᆞᆷ이라ᄒᆞ더라。今에我家의富盛ᄒᆞᆷ은當時에母親이衣服을清潔케ᄒᆞ야주심과母親의教訓을聽ᄒᆞ야手와面을清潔케ᄒᆞᆷ이니汝等은此言을忘치말지어다。

第十三　簷水의穿石

一日은貞吉이書室에獨坐ᄒᆞ야讀本을複習ᄒᆞᆯ서册의葉數가多ᄒᆞᆫ故로支離ᄒᆞᆷ을堪치못ᄒᆞ야厭症이生ᄒᆞ는지라書案을退ᄒᆞ고窓을半開ᄒᆞ고門閾에倚ᄒᆞ야遠景을眺ᄒᆞ니時는夏節에霖雨가來ᄒᆞ야遠山의色은雲烟을帶ᄒᆞ고前溪의水는流聲이潺潺ᄒᆞ야人

ᄒᆞ라ᄒᆞ시기로我ᄂᆞᆫ곳商社에往ᄒᆞ니라。
商社의主人이我ᄅᆞᆯ見ᄒᆞ고喜ᄒᆞ야應雇ᄒᆞᄂᆞᆫ他諸兒ᄂᆞᆫ退送ᄒᆞ고我ᄅᆞᆯ雇入ᄒᆞᄂᆞᆫ지라。
最初에ᄂᆞᆫ我가使僮이되얏더니漸次로主人의信任을得ᄒᆞ야맛참내股主가되얏시며主人의死後에其商社ᄅᆞᆯ繼受ᄒᆞ기에至ᄒᆞ니라。
我ᄂᆞᆫ主人이我ᄅᆞᆯ特히雇入ᄒᆞᆫ理由ᄅᆞᆯ知치못ᄒᆞ야일즉主人의게問ᄒᆞ니主人이答ᄒᆞ되雇에應ᄒᆞ야先來ᄒᆞᆫ諸兒ᄂᆞᆫ비록衣服은華麗ᄒᆞ나手와面이淸潔치못ᄒᆞ고汝ᄂᆞᆫ麁惡ᄒᆞᆫ衣服을精히洗濯ᄒᆞ며又手와面이

第十二 清潔

一富商人이其兒子를教訓ᄒᆞ기爲ᄒᆞ야自己의平生經歷ᄒᆞᆫ바를語ᄒᆞ더라。

汝等은仔細히聽ᄒᆞ라我의幼時에父親은棄世ᄒᆞ시고오직母親이홀노幼子三人을다리시고生活ᄒᆞᄂᆞᆫ責任을擔負ᄒᆞ셧스니엇지困難치아니ᄒᆞ시리ᄂᆞ냐。其時에吾等의食物은極히麁惡ᄒᆞ나母親이恒常親히작만ᄒᆞ심으로其味가甚히아름답더니라。

我가十二歲되야실時에母親이新聞廣告에一商社에셔兒童을雇入ᄒᆞᆷ을見ᄒᆞ시고我다려商社에往雇

또ᄒᆞᆫ餓死ᄒᆞᆷ에至ᄒᆞᆫ지라。
饑饉은猝然히起ᄒᆞᄂᆞᆫ者가아니오반다시二三年前
붓허災害ᄅᆞᆯ因ᄒᆞ야農作이完全히成熟지못ᄒᆞᆷ인즉
後日에預備ᄅᆞᆯ思考ᄒᆞ야金銀과米穀을貯置ᄒᆞ여야
饑饉을免ᄒᆞᆷ을得ᄒᆞᆯ지라。
是以로遠慮가有ᄒᆞᆫ人은비록年豐ᄒᆞᆯ지라도恒常金
銀과穀物을貯畜ᄒᆞ야凶年을預備ᄒᆞ고少許도心을
放ᄒᆞ야奢靡에濫費ᄒᆞᆷ이無ᄒᆞ오此ᄂᆞᆫ오작一個人에
만必要ᄒᆞᆯᄲᅮᆫ아니라一國의生存을爲ᄒᆞᄂᆞᆫ大計가되
ᄂᆞ이다。

第十一 凶年預備

饑饉은ᄎᆞᆷ可恐ᄒᆞ오甚ᄒᆞᆫ데이르면人民이靑草와靑葉을食ᄒᆞ고나죵에ᄂᆞᆫ木根과木皮를嚙ᄒᆞ며時或良心을失ᄒᆞ야義치아닌行爲를行ᄒᆞᄂᆞᆫ者가有ᄒᆞ오。

昔日大饑ᄒᆞᆫ時에餓莩가野에多ᄒᆞ며金銀이箱에滿ᄒᆞ고도一斗穀이無ᄒᆞ다ᄒᆞ더니今者에ᄂᆞᆫ萬國이交通ᄒᆞ야貿易이盛行ᄒᆞᆷ으로此國이不幸ᄒᆞ야饑歲를當ᄒᆞ더라도彼國으로븟허穀物을貿來ᄒᆞ야困難을免ᄒᆞᄂᆞ이다。

然ᄒᆞ나如斯ᄒᆞᆫ時ᄂᆞᆫ穀價가甚高ᄒᆞ야金銀이無ᄒᆞ면

ᄒᆞ니。

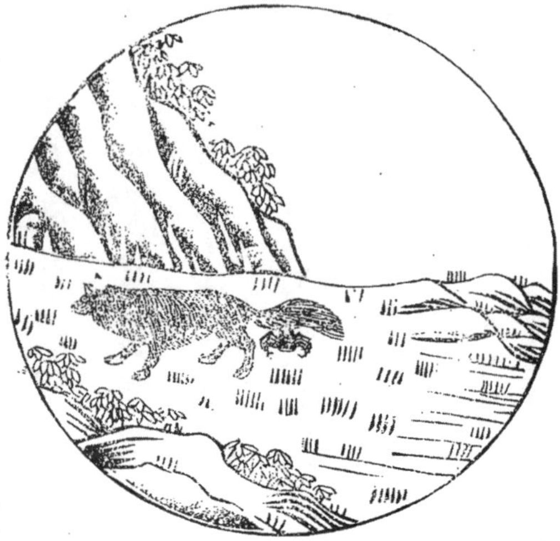

於是에狐가平生의氣力을盡ᄒᆞ야標地에到達ᄒᆞ미喘息을定치못ᄒᆞ고오직蟹의步홈을見ᄒᆞ랴고回立ᄒᆞ더라。

時에狐의尾後에셔大聲이出ᄒᆞ되狐아我ᄂᆞᆫ此에先來홈이久ᄒᆞ다ᄒᆞ거ᄂᆞᆯ狐가大驚ᄒᆞ야回視ᄒᆞ니蟹가果然先來ᄒᆞ얏ᄂᆞᆫ지라狐ᄂᆞᆫ蟹ᄅᆞᆯ見ᄒᆞ고前에嘲笑홈을도리혀붓그러워셔尾ᄅᆞᆯ曳ᄒᆞ고急히走去ᄒᆞ더라。

리라ᄒᆞᆫᄃᆡ。
蟹가對答ᄒᆞ되汝가我ᄅᆞᆯ嘲笑ᄒᆞ니我와能히競走ᄒᆞ
깃ᄂᆞ냐ᄒᆞᆫ則狐가大笑ᄒᆞ야曰汝가能히競走ᄅᆞᆯ我에
게請ᄒᆞ니可笑ᄅᆞᆸ다어ᄃᆡ로가기ᄅᆞᆯ願ᄒᆞᄂᆞ냐義州던
지東萊던지汝의願ᄒᆞᄂᆞᆫᄃᆡ로ᄒᆞ리라。
蟹가狐의躁急ᄒᆞᆷ을見ᄒᆞ고默然히잇다가말ᄒᆞ되競
走ᄒᆞ기前에相約ᄒᆞᆯ事가有ᄒᆞ니汝가我의前에立ᄒᆞ
야我가進行ᄒᆞ라口令ᄒᆞ거던一齊히進ᄒᆞ자ᄒᆞ더라。
狐가應諾ᄒᆞ고蟹의前에立ᄒᆞ야口令을待ᄒᆞ거ᄂᆞᆯ蟹
가가만히狐의尾端을執ᄒᆞ고大聲으로進ᄒᆞ라口令

ᄒᆞᆫ則此는學問上으로區別치아니ᄒᆞ면可得지못ᄒᆞᄂᆞ니라是故로現時에文明國에는農業大學校를設ᄒᆞ고此에關ᄒᆞᆫ諸般事業을研究ᄒᆞ야其原理를透解ᄒᆞ야實地에應用ᄒᆞᄂᆞ니汝等의青年들은農業을輕忽히말며農夫를卑타말지니라古語에農은大本이라謂ᄒᆞᄂᆞ니라。

第十　狐와蟹

一蟹가小川에서나와堤上에다니더니一狐가見ᄒᆞ고嘲笑ᄒᆞ야曰汝의거름이進ᄒᆞᄂᆞ냐退ᄒᆞᄂᆞ냐是와如히行步ᄒᆞ면堤上에登홈도二三朔을經過ᄒᆞ얏스

肥料는各種이有ᄒᆞ니人糞又腐草는普通으로多用ᄒᆞᄂᆞᆫ者오其外에油滓와石灰等이良好ᄒᆞᆫ肥料니라。又魚類와獸類의骨을碎粉ᄒᆞ야石灰에混合ᄒᆞ야需用ᄒᆞᄂᆞ니此를人造肥料라稱ᄒᆞᄂᆞ니라。

凡草木은滋養됨이可ᄒᆞᆫ物은草木의種類를因ᄒᆞ야各各多少의差別이有ᄒᆞᆫ者라或種草木에對ᄒᆞ야ᄂᆞᆫ비록瘠地가되나更히他種草木은極善히生長ᄒᆞᆷ도有ᄒᆞ니然則肥料도草木種類에因ᄒᆞ야適當ᄒᆞᆫ바를擇ᄒᆞᆷ이可ᄒᆞ니라。

如是히肥料를各其草木과土地로因ᄒᆞ야差異를生

듯시홀지로다。

第九 肥料

土中에는自然히草木의養分되는者가多少間存在호니彼山野에生長호는草木은오직其自然의養分에因호는故로齊一히長養치못호야或盛호며或萎호느니是는其養分의多少에因호야地味의肥瘠이生홈이니라。

然호나穀物과菜類又혼者는人의게需用되는者인故로少혼時間에十分生長케홈을爲호야別로養分을與호느니此養分을肥料라稱호느니라。

師가教ᄒᆞᄂᆞᆫ것은學徒의心中에됴흔種子를심ᄂᆞᆫ것이라。

져惡ᄒᆞᆫ雜草ᄂᆞᆫ심으지아니ᄒᆞᆫ것만은自然히生長ᄒᆞ야됴흔花草를滅亡케ᄒᆞᄂᆞ니萬一花草를각구랴면雜草를ᄲᅩᆸ을것이라。

學徒의心中도또ᄒᆞᆫ此와如ᄒᆞ야됴흔밧에됴흔씨를ᄲᅮ리것만은悖言과惡念은恒常發生ᄒᆞᄂᆞ니此를生長케ᄒᆞ면教師의播ᄒᆞᆫ바佳言은消滅ᄒᆞᄂᆞ니라。

然則모든學徒ᄂᆞᆫ善良ᄒᆞᆫ사ᄅᆞᆷ이되고져ᄒᆞ면먼져諸子의心中에在ᄒᆞᆫ惡ᄒᆞᆫ싱각을져園夫가雜草를除ᄒᆞ

電氣ᄂᆞᆫ此外에工場의器械ᄅᆞᆯ動ᄒᆞ며賤金屬의上面에貴金屬을鍍ᄒᆞ고又病을治ᄒᆞᄂᆞᆫ데用ᄒᆞᄂᆞ니라。

第八　花園

花園은됴ᄒᆞᆫ花草ᄅᆞᆯ길으ᄂᆞᆫ處이라。

됴ᄒᆞᆫ花草ᄅᆞᆯ養ᄒᆞ랴면반다시됴ᄒᆞᆫ花草의種子ᄅᆞᆯ심으ᄂᆞ니라然ᄒᆞ나其中에雜草가有ᄒᆞ면花草ᄂᆞᆫ업셔지ᄂᆞ니故로園夫ᄂᆞᆫ恒常雜草ᄅᆞᆯ뽑고花草ᄅᆞᆯ培ᄒᆞᄂᆞ니라。

男子와女子로學校에셔工夫케ᄒᆞᆷ은花園에花草ᄅᆞᆯ養ᄒᆞᆷ과如ᄒᆞ니라。

미古來로人民이極히恐懼히녁이니라。

然ᄒᆞ나今에ᄂᆞᆫ學者의窮究로써其害를防ᄒᆞ기爲ᄒᆞ야避電針을發明ᄒᆞ니라。

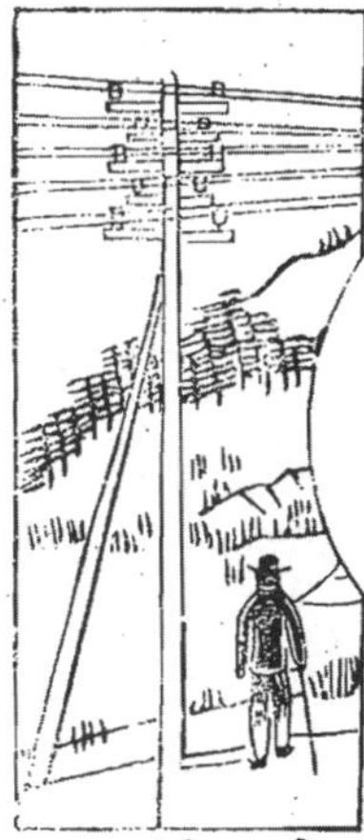

又人工으로電氣를發ᄒᆞ야此를金屬으로傳導ᄒᆞ야各種便利ᄒᆞᆫ需用을作ᄒᆞᄂᆞ니其遠處에文字의記號를表ᄒᆞᆷ은電信이오語音을通ᄒᆞᆷ은電話오又光을發ᄒᆞ야夜에照ᄒᆞᆷ은電燈이오街路에車를運行ᄒᆞᆷ은電車니라。

되張許와諸將은大罵ᄒᆞ고從容히害를被홈에至ᄒᆞ니라。

第七 電氣

夏節에油然히發興ᄒᆞᄂᆞᆫ黑雲은瞬息間에一天을蔽ᄒᆞ면서문득閃閃ᄒᆞᆫ火花가發生ᄒᆞ며轟轟ᄒᆞᆫ聲音이振動ᄒᆞᄂᆞ니此ᄂᆞᆫ雲間에電氣라云ᄒᆞᄂᆞᆫ것이起홈이니其轟轟ᄒᆞᆫ音을雷라云ᄒᆞ고其閃閃ᄒᆞᆫ光을電이라謂ᄒᆞᄂᆞ니라。

電氣ᄂᆞᆫ츰可恐ᄒᆞᆫ者라萬若地에落下ᄒᆞᆫ則家屋을破ᄒᆞ며樹木을折ᄒᆞ고又或人畜을擊傷ᄒᆞᄂᆞᆫ害가有ᄒᆞ

於是에張巡許遠이晝夜로敵兵을防備ᄒᆞᆯ새慷慨ᄒᆞᆫ言語와忠義의志氣로城內의人民을激勵ᄒᆞ미衆心이城과ᄀᆞᆺ치堅固ᄒᆞ더라。

賊兵은더욱重圍ᄅᆞᆯ設ᄒᆞ야內外의消息을通치못ᄒᆞ니於是에外에ᄂᆞᆫ救援ᄒᆞᄂᆞᆫ軍士가無ᄒᆞ고內에ᄂᆞᆫ粮食이盡ᄒᆞ야다餓死ᄒᆞ게되얏더라。

然ᄒᆞ나張許兩人은忠義의心이더욱敦篤ᄒᆞ야死ᄅᆞᆯ決ᄒᆞ나食物이無ᄒᆞᆷ으로木皮와鳥鼠ᄅᆞᆯ捕食ᄒᆞ다가맛참ᄂᆡ城이陷落ᄒᆞ니라。

賊兵이張許와諸將을捕縛ᄒᆞ야降服ᄒᆞ라고脅迫ᄒᆞ

死亡을顧치아니ᄒᆞ고忠義에死홈이可ᄒᆞ니라。

今에張巡과許遠의事를暫言ᄒᆞ노라

古昔支那의唐朝玄宗時代에安祿山이唐朝를背叛ᄒᆞ야兵을率ᄒᆞ고京城을犯ᄒᆞᄆᆡ玄宗은蜀中에避入ᄒᆞ니全國이다祿山의亂을被ᄒᆞ야投降ᄒᆞᄂᆞᆫ者가多ᄒᆞ더라。

是時에睢陽太守ᄂᆞᆫ許遠이라孤城을守ᄒᆞ야賊兵을抗拒ᄒᆞ거ᄂᆞᆯ雍邱令張巡이드듸여其同志雷萬春南霽雲으로더브러共히睢陽城中에入ᄒᆞ야力을合ᄒᆞ야防禦코져ᄒᆞ더라。

치못ᄒᆞ야動作이能치못홈으로如何치못ᄒᆞ고오작
셔로소리만질으더라。
古語에云ᄒᆞ되蚌과鷸이셔로닷토거늘漁父가其利
를坐收ᄒᆞᆫ다ᄒᆞ니엇지此와異홈이有ᄒᆞ리오。
大凡何人과何國을勿論ᄒᆞ고互相和合지못ᄒᆞ야爭
鬪홈을休치아니ᄒᆞ면其終은반ᄃᆞ시他人이던지他
國에利益을與ᄒᆞᄂᆞᆫ바되ᄂᆞ니라。

第六 張巡許遠

大凡國民되ᄂᆞᆫ者ᄂᆞᆫ自己의國을愛홈이自己의家를
爲홈보다돗타워셔비록危難을當ᄒᆞᆯ지라도其身의

第五　三獸의話

一獅와一熊이林間에셔一死鹿을得ᄒᆞᄆᆡ兩間에一大問題가生ᄒᆞ야平和의友誼ᄂᆞᆫ消滅ᄒᆞ고勢力의衝突이遂起ᄒᆞ더라。

一場戰爭이長時ᄅᆞᆯ延亘ᄒᆞ야互相踊躍ᄒᆞ며吼呼ᄒᆞᄆᆡ氣血이疲憊ᄒᆞ야爭點을决斷치못ᄒᆞ고地上에退臥ᄒᆞ더니時에맛참一狐가林中에셔此狀을엿보고突然히倂여나와셔死鹿을急히물고逃込ᄒᆞᄂᆞᆫ지라。

此時에獅와熊은氣盡ᄒᆞ야비록狐의巨利ᄅᆞᆯ坐取ᄒᆞᆷ을見ᄒᆞ고忿怒ᄒᆞᆷ을견ᄃᆡ지못ᄒᆞ나喘息이오히려定

이니彼海上의風帆船은此風力을借ᄒᆞ야運行ᄒᆞᄂᆞᆫ者니라。

地球上에在ᄒᆞᆫ生物等은다空氣ᄅᆞᆯ由ᄒᆞ야其生命을保全ᄒᆞᄂᆞ니라其中에人類ᄂᆞᆫ其健康病弱이더욱空氣에重大ᄒᆞᆫ關係가有ᄒᆞ니是故로人의居處ᄂᆞᆫ恒常清新ᄒᆞᆫ空氣ᄅᆞᆯ引入ᄒᆞ야汚穢ᄒᆞᆫ空氣가流通치아니케ᄒᆞᆯ지니라。

然ᄒᆞ나吾人이手ᄅᆞᆯ空間에急히揮ᄒᆞᆫ則物體가잇셔吾人의指間을流通ᄒᆞ며且夏日의盛暑에扇을搖ᄒᆞ면風이生ᄒᆞ야我身에吹ᄒᆞ며又近傍의輕體가ᄯᅩᄒᆞᆫ扇을隨ᄒᆞ야左右로흔들니ᄂᆞ니此ᄂᆞᆫ吾人의周圍에在ᄒᆞᆫ空氣가振蕩됨에因ᄒᆞᆷ이니라。

吾人이恒常目으로見치못ᄒᆞ되耳로ᄂᆞᆫ能히聽得ᄒᆞᆷ이有ᄒᆞ니此ᄂᆞᆫ風이니라。

大抵風은大地에充滿ᄒᆞᆫ空氣가太陽의熱을受ᄒᆞ야空中으로上升ᄒᆞ야稀薄ᄒᆞ게되면他處의冷ᄒᆞ야濃密ᄒᆞᆫ空氣가急히其稀薄ᄒᆞᆫ處로流行ᄒᆞᄂᆞ니是卽風

盡ᄒᆞᆯ지니健全ᄒᆞᆫ精神을得코져ᄒᆞᆯ진ᄃᆡ먼져健全ᄒᆞᆫ身體를養成ᄒᆞᆷ이可ᄒᆞ니라。

是以로今日에文明ᄒᆞᆫ邦國은皆身體의養育을注意ᄒᆞᄂᆞ니彼學校에廣大ᄒᆞᆫ運動場을設ᄒᆞ고學徒로ᄒᆞ여곰體操又競走를行케ᄒᆞᆷ은오작其身體를健康케ᄒᆞ고져ᄒᆞᆷ이니라。

第四 空氣

空氣ᄂᆞᆫ地球를包圍ᄒᆞ야在치아니ᄒᆞᆫ處가無ᄒᆞ나此ᄂᆞᆫ形도無ᄒᆞ고色도無ᄒᆞ야目으로見치못ᄒᆞ며또手로摩치못ᄒᆞ야全無ᄒᆞᆫ줄로思想ᄒᆞᄂᆞ니라。

一日에幾次式山水間에遊行ᄒᆞ고或毬ᄅᆞᆯ擊ᄒᆞ며馬ᄅᆞᆯ馳ᄒᆞ고自行車ᄅᆞᆯ乘ᄒᆞ며角觝或砲放練習과兵式體操ᄅᆞᆯ行ᄒᆞᄂᆞ니라。

此ᄂᆞᆫ다身體의氣血을健康케ᄒᆞᄂᆞᆫ者라然ᄒᆞ나强弱을勿論ᄒᆞ고其氣力에過ᄒᆞᄂᆞᆫ運動을行ᄒᆞ면利益홈이업실ᄲᅮᆫ아니라도리혀大害가ᄉᆡᆼ기ᄂᆞ니라。

人이身體가健康치못ᄒᆞ면아모리事業을ᄒᆞ고져ᄒᆞ나得爲치못ᄒᆞᄂᆞ니라。

古語에云ᄒᆞ되健全ᄒᆞᆫ精神은健全ᄒᆞᆫ身體에在ᄒᆞ다ᄒᆞ니人은健全ᄒᆞᆫ精神이有ᄒᆞ여야人의本分을能히

花의雄蕊와雌蕊의形狀과數爻는差別이有ᄒᆞ나其動作은皆同ᄒᆞ니라。

第三 身體의健康

動物은恒常靜止ᄒᆞᆷ이不可ᄒᆞ고適當히運動ᄒᆞᆷ이可ᄒᆞ니吾人은動物의一이니라諸子는機械를見ᄒᆞ라今에一個機械를久히使用치아니ᄒᆞ면銹이生ᄒᆞ야廢棄ᄒᆞ기에至ᄒᆞᄂᆞ니人의身體도此와同ᄒᆞ야運動치아니ᄒᆞ면病이生ᄒᆞᄂᆞ니라。是故로衛生에注意ᄒᆞ는者는恒常其身을健强케ᄒᆞ기爲ᄒᆞ야每日運動을ᄒᆞᄂᆞ니其方法은一이아니니라

次로同一ᄒᆞᆫ草木을新生ᄒᆞᄂᆞ니라。

今에一花를取見ᄒᆞ면花內의正中에針狀과如ᄒᆞᆫ一個花鬚가有ᄒᆞ니此를雌蕊라稱ᄒᆞ고又花鬚를圍ᄒᆞ야針狀과如ᄒᆞᆫ多數의花鬚를雄蕊라稱ᄒᆞ니라。

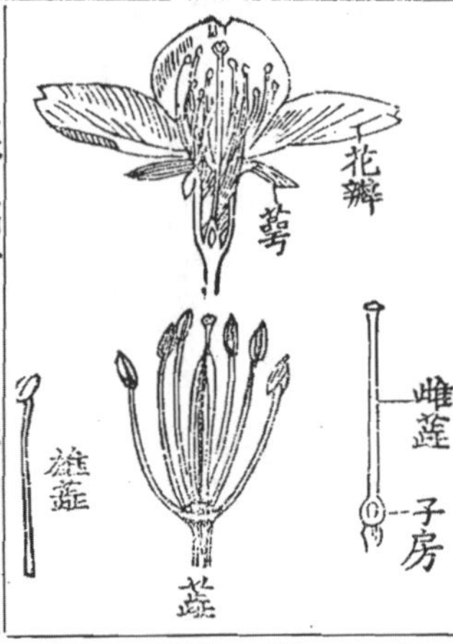

雌蕊의本은實의形을作ᄒᆞ고雄蕊의末에ᄂᆞᆫ花粉이有ᄒᆞ니草木의蕃盛ᄒᆞᆷ은實로此雄蕊와雌蕊의動作으로雄蕊의花粉이雌蕊의末에着ᄒᆞ면雌蕊의本이漸大ᄒᆞ야此에서實을始結ᄒᆞᄂᆞ니라。

麗國이起ᄒᆞ야其地를다恢復ᄒᆞ니라。

第二　草木의生長及蕃殖

豆와菽의種子를地에種ᄒᆞᆫ則根과莖을生ᄒᆞ며葉과花를發ᄒᆞ야終에實을結ᄒᆞ고其實이ᄯᅩ地에落ᄒᆞ면前과如히新生ᄒᆞᄂᆞ니라。

大凡草木은幾皆如此히生長ᄒᆞᄂᆞ니草木은根과葉이皆有ᄒᆞ야根으로ᄂᆞᆫ地中에잇ᄂᆞᆫ水分을吸上ᄒᆞ며葉으로ᄂᆞᆫ空氣中의炭素를吸收ᄒᆞ야二物을互相和合ᄒᆞ야그身을기르ᄂᆞ니라。

草木은ᄯᅩ花와實이잇스니花ᄂᆞᆫ實의本이오實은再

ᄒᆞ야王位에卽ᄒᆞ시며國號를朝鮮이라仍稱ᄒᆞ시고平壤에都를建ᄒᆞ시니라。

人民을禮義로敎ᄒᆞ시며法典을制ᄒᆞ시고모든學術을敎ᄒᆞ시더니王이崩ᄒᆞ시ᄆᆡ太祖文聖王이라ᄒᆞ다

大凡歷世以來로國을治ᄒᆞ야文化가크게行ᄒᆞ더니國을傳ᄒᆞᆫ지九百二十九年에燕人衛滿이京都를奪ᄒᆞ거ᄂᆞᆯ王이金馬郡에避居ᄒᆞ야國號를馬韓이라改ᄒᆞ더니後에百濟에게亡ᄒᆞ니라。

衛滿은朝鮮이라自稱ᄒᆞ다가未幾에支那漢武帝의攻擊ᄒᆞᆫ바가되야其地를被奪ᄒᆞ얏더니其後에高句

홈이라平壤에國都를定ᄒᆞ시고人民을敎ᄒᆞ시며모든制度를立ᄒᆞ시니라。

是時에支那의君主夏禹氏가塗山에셔列國會議를開ᄒᆞ거ᄂᆞᆯ王이이에太子扶婁를遣ᄒᆞ샤塗山會에往叅ᄒᆞ야和好를通ᄒᆞ시니라。

大凡一姓으로國을傳ᄒᆞᆫ지一千二百十二年에至ᄒᆞ야맛참支那殷王의宗親箕子가支那로붓허來ᄒᆞ시니聖德이有ᄒᆞ야國人이다附從ᄒᆞ거ᄂᆞᆯ王이이에位를傳ᄒᆞ시고扶餘로移去ᄒᆞ니라。

箕子ᄂᆞᆫ姓은子오名은胥餘라朝鮮王의傳位홈을受

初等小學卷七

第一 我國古代의史記

我國이古代에君長이無ᄒᆞ며人民은淳朴ᄒᆞ야草를衣ᄒᆞ고木實을食ᄒᆞ며家屋의制가無ᄒᆞ더니桓因氏의孫王儉이生ᄒᆞ미聖德이有ᄒᆞᆫ지라。

於是에國人이尊奉ᄒᆞ야王을삼고檀君이라稱ᄒᆞ니此ᄂᆞᆫ王이檀木下에셔誕生ᄒᆞ신故로國人이紀念ᄒᆞᄂᆞᆫ意를表ᄒᆞᆷ이러라。

王이國號를朝鮮이라稱ᄒᆞ시니其義ᄂᆞᆫ國이世界의東方에在ᄒᆞ야朝日이出ᄒᆞ미萬物이皆鮮然ᄒᆞᆷ을取

初等小學卷七目次

291

隆熙元年十一月 日

初等小學

七

國民教育會三板

載ᄒᆞ고、川水를渡ᄒᆞᆫ則、驢ᄂᆞᆫ水中에又臥ᄒᆞᄂᆞᆫ지라。然ᄒᆞ나、今에ᄂᆞᆫ、荷物이輕ᄒᆞ기ᄂᆞᆫ姑舍ᄒᆞ고、毛가水에、져질ᄉᆞ록、其重이益甚ᄒᆞ거ᄂᆞᆯ主人은、더욱、鞭으로打ᄒᆞ야、겨우、家로還ᄒᆞ나、驢ᄂᆞᆫ、幾死ᄒᆞ얏더라、凡人도、奸計로、他人을欺ᄒᆞᄂᆞᆫ者ᄂᆞᆫ、一二回ᄂᆞᆫ、得行ᄒᆞ나、禍를終免치못ᄒᆞᄂᆞ니라。

第二十八 狡猾ᄒᆞᆫ驢

一人이、場市에셔、鹽을買ᄒᆞ야、驢에싯고、家로還ᄒᆞᆯ셔、川水를건느다가、驢가蹉跌ᄒᆞ야、水中에너머지니、其背의、鹽이만히녹은지라、驢ᄂᆞᆫ、其荷物의輕홈을、깃버ᄒᆞ야、도라왓더라。

他日에、또鹽을載ᄒᆞ고、川水를渡ᄒᆞ더니、其驢가、또前日의事를생각ᄒᆞ고、水中에臥ᄒᆞᄂᆞᆫ지라。

驢의主人이、此를見ᄒᆞ고、驢의行實을미워셔、懲戒코자ᄒᆞ더니、一日은、主人이、其驢에게、毛物을와無ᄒᆞᆯ、셔로交換홈이、가장必要ᄒᆞ니、此와如히賣買홈을、貿易이라稱ᄒᆞᄂᆞ니라。

貿易이、盛ᄒᆞ면、其國이富ᄒᆞ고、貿易이盛치못ᄒᆞ면、其國이貧ᄒᆞᄂᆞ니、現今時代에、英國과、日本을、見ᄒᆞᆯ지어다。

我國은、外國貿易이盛치못ᄒᆞ야、다만外國의物品만、入ᄒᆞ고、內國의物品은、出치못ᄒᆞ니、我國의國民된者ᄂᆞᆫ、各其家產을勤勉히ᄒᆞ야、多量의產物을作出ᄒᆞ야、貿易을、盛케홈이可ᄒᆞ니라。

消치아니혼國도有홈이라。
然홈으로、此等의國에서、産出ᄒᆞ는物品도、또혼相同치아니ᄒᆞ니、我國갓치米ᄅᆞᆯ多産ᄒᆞ는國도有ᄒᆞ고、英國갓치鐵石炭을多産ᄒᆞ는國도有ᄒᆞ며、支那갓치茶ᄅᆞᆯ多産ᄒᆞ는國도有ᄒᆞ며、此外에、海의産物은有ᄒᆞ고、山의産物은無혼國도有ᄒᆞ며、熱혼土地에는、熱혼土地의産物이有ᄒᆞ고、寒혼土地에는、寒혼土地의産物이有ᄒᆞ니라。
然혼故로、此等의國은、各其産物을賣買ᄒᆞ야有

說을、主張ᄒᆞ고、賈善治의言을、信치아니ᄒᆞ더니。於時에賈善治가、諸兒ᄅᆞᆯ、大木下에引至ᄒᆞ야、一枝間으로、月을視케ᄒᆞ니、果然月은枝間에在ᄒᆞ야、動치아니ᄒᆞ고、其走ᄒᆞ든者ᄂᆞᆫ、雲이라、他兒等이、다己說의誤ᄒᆞᆷ을、知ᄒᆞ니라。

第二十七 貿易

世界의中에ᄂᆞᆫ、多數의國家가、有ᄒᆞ니、海에濱ᄒᆞᆫ國도有ᄒᆞ고、山이多ᄒᆞᆫ、國도有ᄒᆞ며、또熱ᄒᆞ야、一年中에草木이、靑靑ᄒᆞᆫ國도有ᄒᆞ고、寒ᄒᆞ야雪이

ᄒᆞ되、此ᄂᆞᆫ、月이動ᄒᆞᆷ이오、雲은다만、靜處ᄒᆞ야、移치아니ᄒᆞᆫ다ᄒᆞ거ᄂᆞᆯ。

賈善治가、獨言ᄒᆞ되、月도動치아니ᄒᆞᆷ은、아니로ᄃᆡ、其動ᄒᆞᆷ이、吾人의目에、現치아니ᄒᆞ며、今에彼月이動ᄒᆞᆷ과如ᄒᆞᆷ은、全혀、雲이走ᄒᆞᆷ을因ᄒᆞ야、져러ᄒᆞ다、ᄒᆞᆫᄃᆡ、他兒等이、此言을聞ᄒᆞ고、能히、解치못ᄒᆞ야、自己의

야、日月과、星辰을、看ᄒᆞ기ᄅᆞᆯ、好ᄒᆞ더라。
그年이、七歲되얏슬時에、더욱、天文을好ᄒᆞ더니、
一夜는、그同年四五人으로더브러、함긔、놀면셔、
天을仰見ᄒᆞ니、時에、明鏡갓흔圓月은、天心에正
中ᄒᆞ야、밝은光彩가、白晝와同ᄒᆞᆫ데、一片의浮雲
은、風에吹ᄒᆞ야、月邊에飛ᄒᆞᆷ이、雲間에、月이走ᄒᆞᆷ
과如ᄒᆞ며、又月上에、雲이行ᄒᆞᄂᆞᆫ것과如ᄒᆞᆫ지라。
於是에、모든兒孩等이、此ᄅᆞᆯ見ᄒᆞ고、月이動ᄒᆞᆷ이
냐、雲이行ᄒᆞᆷ이냐、ᄒᆞᄂᆞᆫ一大爭議가、起ᄒᆞ야、皆言

ᄒᆞᆫ絲도作出ᄒᆞ며、又絲도、極히、良好ᄒᆞ니라。
是以로、今에ᄂᆞᆫ、擧皆、蒸氣力의等으로、機械를、運
轉ᄒᆞ야、綿을틀며、絲를作ᄒᆞᄂᆞ니라。此와如히、巨
大ᄒᆞᆫ機械를動ᄒᆞ야、各色의物을製造ᄒᆞᄂᆞᆫ工業
을、機械工業이라ᄒᆞᄂᆞ니、져烟突잇ᄂᆞᆫ工場은、다、
機械工業을、ᄒᆞᄂᆞᆫ處所니라。

第二十六　賈善治

賈善治ᄂᆞᆫ、法蘭西의有名ᄒᆞᆫ大學者라、幼時로붓
허書를好讀ᄒᆞ며、또、山上에登ᄒᆞ고、野邊에出ᄒᆞ

物을作ᄒᆞ며、衣服을作ᄒᆞ야、여러가지工業을因
ᄒᆞ야、된것이라。
모든工業은、오작、人의力으로ᄂᆞᆫ、되지아니ᄒᆞᄂᆞ
니、然ᄒᆞᆷ으로、昔時에도、綿을트ᄂᆞᆫ데、씨아가잇고、
실을잣ᄂᆞᆫ데、물래가잇섯스니、此等機具를、使用
ᄒᆞᆷ에ᄂᆞᆫ、巨大ᄒᆞᆫ人力과、時間을消費ᄒᆞ나、物品은
良好치도못ᄒᆞ고、又夥多치도못ᄒᆞ얏스나、萬若、
蒸氣力으로、大ᄒᆞᆫ機械를、動ᄒᆞ야、綿을틀며、또、자
으면、極히、人力과時間을、費치아니ᄒᆞ고도、多大

工業은、各種의天然物에、人力을加ᄒᆞ야、人의有用ᄒᆞᆫ物品을만드ᄂᆞᆫ것이니、此ᄅᆞᆯ詳言ᄒᆞ면、諸子의着ᄒᆞᆫ衣服은、木綿의織物을縫ᄒᆞᆫ것이니、木綿의織物은、木綿絲로織ᄒᆞᆫ것이오、又其木綿의絲ᄂᆞᆫ、木綿의實中에잇ᄂᆞᆫ綿을、ᄲᅡᆸ아、자은것이니라。

此木綿을、ᄲᅡᆸ아、자어셔、木綿絲ᄅᆞᆯ作ᄒᆞ며、木綿絲ᄅᆞᆯ織ᄒᆞ야、織物을、作ᄒᆞ며、又織物을縫ᄒᆞ야、衣服을作ᄒᆞᄂᆞ니、此等事ᄅᆞᆯ、다工業이라謂ᄒᆞᄂᆞ니라。

然ᄒᆞᆫ則、諸子의着ᄒᆞᆫ衣服은、木綿絲ᄅᆞᆯ作ᄒᆞ며、織

此府는、古時에檀君이처음으로、城을築ᄒᆞ고、都를定ᄒᆞ야、人民에게、居處飮食ᄒᆞᄂᆞᆫ制度로써、教ᄒᆞ시니라。

檀君의後에、箕子가、또此地에、都를定ᄒᆞ시며、其後에高句麗가、또ᄒᆞᆫ、國都를作ᄒᆞ야、强盛을致ᄒᆞ니、如此히、數千年을連ᄒᆞ야、一國의都城이됨으로써、繁華ᄒᆞᆷ이、國中에有名ᄒᆞ니、今에도、西京이라、稱ᄒᆞᄂᆞ니라。

第二十五 工業

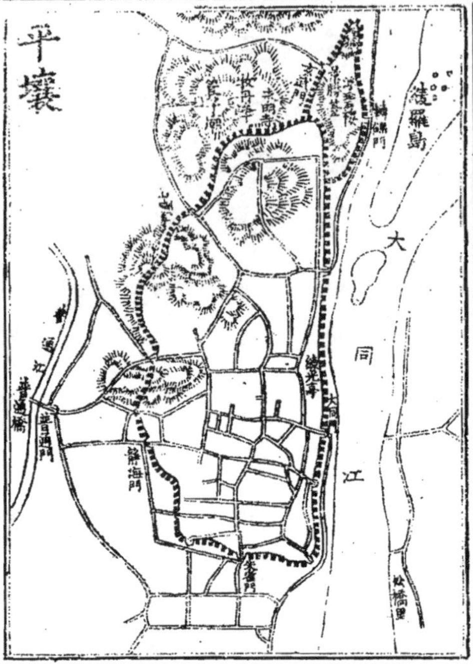

淸流壁은、削立ᄒᆞᆫ絕壁이、五里ᄅᆞᆯ、連ᄒᆞ야、碧水에映ᄒᆞᆷ이、上下二壁을、成ᄒᆞ고、牧丹峰은、其形이牧丹花와如ᄒᆞ야、形容이奇妙ᄒᆞ니라。

又江岸에、浮碧樓、乙密臺、鍊光亭、永明寺의、勝地가有ᄒᆞ니、風景이、極好ᄒᆞᆷ으로、遊覽ᄒᆞᄂᆞᆫ人士가、極多ᄒᆞ니라。

家의一大富源이라、其利益이、禾麥을、作ᄒᆞᄂᆞᆫ것보다、少치아니ᄒᆞᄂᆞ니、國家의富盛을、企望ᄒᆞᄂᆞᆫ者ᄂᆞᆫ、엇지力을致치아니ᄒᆞ리오。

第二十四 平壤

平壤은、平安南道의首府니、物色이繁華ᄒᆞ며、山川이佳麗ᄒᆞ야、我國內에、第一名勝이라稱ᄒᆞᄂᆞ니、府의四面에、城을築ᄒᆞ야、南으로大同江을臨ᄒᆞ니、此江은、國內五大江의一이라。

江의北岸을沿ᄒᆞ야、清流壁과、牧丹峰이有ᄒᆞ니、

繭을、繰ᄒᆞ야、生絲를、製ᄒᆞ고、又延ᄒᆞ야、雪綿을、作ᄒᆞᄂᆞ니라。

繭으로붓허生絲를、取ᄒᆞᄂᆞᆫ法은、繭을乾ᄒᆞ며、又蒸ᄒᆞ야、번덕이를、殺ᄒᆞᆫ然後에、繭을、烹ᄒᆞ야、絲를引出ᄒᆞᄂᆞ니라。

生絲ᄂᆞᆫ、色이、白ᄒᆞ고、光彩가、有ᄒᆞᆫ美絲라、年年히我國으로、붓허、外國에、輸出ᄒᆞᄂᆞᆫ者가、多ᄒᆞ며、且織物을、製造ᄒᆞ야、外國에、販賣ᄒᆞᄂᆞ니라。

養蠶ᄒᆞᄂᆞᆫ法은、먼져、桑을植홈이、可ᄒᆞ니、此乃國

止ᄒᆞᄂᆞ니、此ᄂᆞᆫ곳蠶의眠이라、謂ᄒᆞᄂᆞᆫ者니라。매양眠ᄒᆞᆫ則、其身의皮ᄅᆞᆯ、脫ᄒᆞ며、口가、大ᄒᆞ야、桑葉을、食ᄒᆞᆷ도、ᄯᅩᄒᆞᆫ、强ᄒᆞ야、最終은、口로봇허、絲ᄅᆞᆯ、吐ᄒᆞ야、繭을、作ᄒᆞᄂᆞ니라。

如斯히、繭을作ᄒᆞᆫ則、蠶은繭中에셔、번덕이가되며、번덕이ᄂᆞᆫ、又形을變ᄒᆞ야、蛾가되며、蛾ᄂᆞᆫ繭을破ᄒᆞ고、出ᄒᆞ야、卵을、産ᄒᆞ니、其卵의付ᄒᆞᆫ紙ᄅᆞᆯ、種紙又蠶卵紙라、稱ᄒᆞᄂᆞ니、明年에、又此卵으로봇허、蠶이、生ᄒᆞᄂᆞ니라。

第二十三 養蠶

養蠶은、人民生業의一이라、古時에는、婦人이、此를、專務ᄒᆞ더니、今에는、男子도、또ᄒᆞᆫ、從事ᄒᆞ야、一年에三四次를、養ᄒᆞᄂᆞ니라。

蠶은、其初에、卵으로붓허、化生ᄒᆞ니、黑ᄒᆞ고、且小ᄒᆞᆫ蟲이라、桑葉을、食ᄒᆞ고、漸次、成長ᄒᆞ며、其間에、四回를、食을停

고、此便에ᄂᆞᆫ、道路와、橋梁을、修治ᄒᆞᄂᆞᆫ工兵이、有ᄒᆞ오、此等의兵士間에、立ᄒᆞ야、劍을들고、指揮ᄒᆞᄂᆞᆫ者ᄂᆞᆫ、士官이오。

처음에ᄂᆞᆫ、人과馬가、皆分明히、보이더니、砲烟이、남이、天地가、暗冥ᄒᆞ야、아모것도、보이지아니ᄒᆞ고、오작、轟轟ᄒᆞᄂᆞᆫ、砲響만、들니오。

今日에、學徒의兵式體操를、行ᄒᆞᆷ은、一邊은、學徒의身體를、健壯케ᄒᆞ려니와、又一邊은、後日에、國家의勇猛잇ᄂᆞᆫ軍人이、될預備오이다。

今에、無數ᄒᆞᆫ陸軍은、東西二便에、分ᄒᆞ야、戰爭을、演習ᄒᆞ니、騎兵은、銃을메고、馬를、달니며、砲兵은、大砲를、車에載ᄒᆞ야、끌고、砲兵은、銃을、메고、走行ᄒᆞ야陣地로往ᄒᆞ오。

東軍의騎兵은、前에在ᄒᆞ고、步兵은、後를繼ᄒᆞ야、西軍의陣을、來擊ᄒᆞ니、西軍의砲兵은、急히東軍에、向ᄒᆞ야、大砲를、放ᄒᆞᆷ이、形勢가、極히猛烈ᄒᆞᆫ지라、東軍도、또ᄒᆞᆫ大砲를、放ᄒᆞ야、此에應ᄒᆞ오。

彼便에ᄂᆞᆫ、諸般軍物을、運送ᄒᆞᄂᆞᆫ輜重兵이有ᄒᆞ

욱、敬重히、녁이시며、國政을、極히、힘쓰셧ᄂᆞ이다。

第二十二　陸軍演習

陸軍은、陸地에서、싸오ᄂᆞᆫ軍士니戰爭은、國家가、他國과、權利가、衝突ᄒᆞ야、是非를、決치못ᄒᆞᄂᆞᆫ時에、各其兵力으로、勝負를、決ᄒᆞᄂᆞᆫ者라。

戰爭은、何時에、起ᄒᆞᆯ지可히知치못ᄒᆞᆯ지라、이럼으로、國家ᄂᆞᆫ、비록、平和ᄒᆞᆫ時節이라도、恒常、兵備를、베풀고、戰爭ᄒᆞᄂᆞᆫ貌樣을、演習ᄒᆞ야、兵氣를、强케ᄒᆞ고、戰術을熟케ᄒᆞᆷ이라。

臣이、正道로써、 陛下를、셤기지못홈으로써、今日에至ᄒᆞ야、 陛下께오셔臣으로ᄒᆞ야곰、正치아니홈을、行케ᄒᆞ오시니、萬一、此와갓흘진ᄃᆡ、賄賂가、將次、盛히行ᄒᆞ야、國家의危殆홈이朝夕에잇슬지라、臣이、輔弼ᄒᆞᄂᆞᆫ責任을、克盡치못ᄒᆞ온、罪ᄂᆞᆫ、死ᄒᆞ와도、餘가、有ᄒᆞ나、此ᄂᆞᆫ、奉치못ᄒᆞ겟ᄂᆞ이다。

ᄒᆞ거ᄂᆞᆯ、中官이、此事로써、仔細히、入告ᄒᆞᆫᄃᆡ、 上이、드르시고、大端히、喜悅ᄒᆞ사、此後로、時白을、더

其家에美麗ᄒᆞᆫ牧丹이、잇서盛히、픠엇거ᄂᆞᆯ、是時
에 孝宗大王게오셔、此를、聞ᄒᆞ시고、中官을、보
내사、求ᄒᆞ신ᄃᆡ。
時白이、正色ᄒᆞ야曰ᄒᆞ되、我가、비록、賢치못ᄒᆞ나、
一國의大臣이되야셔、 皇上을、輔弼ᄒᆞᄂᆞᆫ責任
을、졋스니、엇지耳目의玩好ᄒᆞᄂᆞᆫ物件으로써、人
君을、셤기리오、ᄒᆞ고。
即時에、庭下에下ᄒᆞ야、牧丹을、베여바리고、北向
再拜ᄒᆞ야、갈오ᄃᆡ、

女子ᄂᆞᆫ、機關手에게、向ᄒᆞ야、다리의문어짐을、仔細히、말ᄒᆞ야、蒸氣車ᄂᆞᆫ、맛참내、覆滅ᄒᆞᆷ을、免ᄒᆞ고、此女子ᄂᆞᆫ、巨大ᄒᆞᆫ賞을、得ᄒᆞ얏다ᄒᆞ오。

大抵、一幼女子로셔、能히、危殆ᄒᆞᆷ을、무릅쓰고、人의生命을、구원ᄒᆞ니、그勇猛ᄒᆞᆷ이、참、엇더ᄒᆞ오잇가、萬一男子가、되야셔、勇氣가、無ᄒᆞᆯ진ᄃᆡ、엇지、此女子에게、愧치아니ᄒᆞ오릿가。

第二十一　李時白

李時白은、我國古時에、正直ᄒᆞᆫ大臣이라。

가、此를、救援ᄒᆞ리라、ᄒᆞ고、急히、蒸氣車를、停止식이고져ᄒᆞ야、鐵路線으로、行ᄒᆞ오。

然ᄒᆞ나、此女子ᄂᆞᆫ、또、機關手가、自巳를、見치못ᄒᆞᆯ가、念慮ᄒᆞ야、그手巾을、樹枝에、매여、旗와갓치、들고、急히、往ᄒᆞ오。

機關手가、蒸氣車를、急行ᄒᆞ다가、멀니、異常ᄒᆞᆫ旗를、見ᄒᆞ고、漸次로、車를、停ᄒᆞ야、女兒의前에、到達ᄒᆞ얏소。

나、何人도、깃부게ᄒᆞᆷ이、업고、오작、그驢만、失ᄒᆞ얏
스니、吾人은、此ᄅᆞᆯ、見ᄒᆞ고、恒常、他人의言을、聞ᄒᆞᆯ
時에可ᄒᆞ고、否ᄒᆞᆷ을、深히、思ᄒᆞ야、取ᄒᆞᆯ진져。

第二十　勇猛잇ᄂᆞᆫ女子

西國古時에、木으로製造ᄒᆞᆫ鐵路다리가、火災ᄅᆞᆯ、
맛나셔다、ᄭᅳ녀지니、是時에、此ᄅᆞᆯ、見ᄒᆞᆫ사ᄅᆞᆷ은、오
작、十二歲되ᄂᆞᆫ女兒一人이라。
此女兒가、생각ᄒᆞ되、蒸氣車ᄂᆞᆫ、얼마아니되야셔、
반ᄃᆞᆺ히、來ᄒᆞ다가、져다리에셔、覆滅ᄒᆞᆯ터이니、我

於是에、老翁은、其子에게、言ᄒᆞ되、我는、맛당히、모든사람을、悅케ᄒᆞ리라、ᄒᆞ고、其子와、함긔、驢에셔下ᄒᆞ야、驢의四足을、동이고、大棒에、잡어매、其子로、더브러肩上에、메고、市에、往ᄒᆞ는橋上으로、往ᄒᆞ니、道上의人들은、羣立ᄒᆞ야、此를、구경ᄒᆞ더라。

驢는、如此히行홈을、好ᄒᆞ지아니ᄒᆞ는故로、力을盡ᄒᆞ야、그동인것을、絕홈이、大棒으로붓허、水中에、落下ᄒᆞ얏더라。

可笑ᄒᆞ도다、此老翁은、衆人을、깃부게ᄒᆞ고져ᄒᆞ

져老翁이아。

此老翁은、此言을듯고셔、急히、그幼子를、自己압헤、마자、올녀노아、함긔、타고가니。

조곰가셔、一人을、만남이、問ᄒᆞ되、此驢는、何人의物이뇨、ᄒᆞ거ᄂᆞᆯ、老翁이、自己의所有라、對答ᄒᆞ니、其人이、笑ᄒᆞ되、驢에게、重히、載홈을、見ᄒᆞ고、他人의物인가、思ᄒᆞ얏노라、驢가、君과、君의子를、대우고가ᄂᆞᆫ것보다、君과、君의子가、驢를、메이고、가ᄂᆞᆫ것이、能ᄒᆞ리로다。

老翁이、此言을、듯고、그、幼子를、태우고、스사로、그
엽ᄒᆞ로、步行ᄒᆞᄂᆞᆫ지라。
一人이大聲으로、又言ᄒᆞ되、幼兒아、汝의老父ᄂᆞᆫ、
步行ᄒᆞᄂᆞᆫ데、汝ᄂᆞᆫ、驢를、騎ᄒᆞ얏스니、道理에、合當
ᄒᆞ냐ᄒᆞ거ᄂᆞᆯ。
老翁은、又此를、聞ᄒᆞ고、그幼子를、驢에、下케ᄒᆞ고、
自己가、騎ᄒᆞ얏더니
又一人이、言ᄒᆞ되、그幼子ᄂᆞᆫ、疲困ᄒᆞ야、能히、步치
못ᄒᆞᆷ을、見ᄒᆞ고서、安然히、騎ᄒᆞ얏스니、無情ᄒᆞ다、

去ᄒᆞ얏다ᄒᆞ오。
此를、見ᄒᆞᆫ건ᄃᆡ、微物도、恩惠를、報ᄒᆞᄂᆞ니、人이되야、恩惠를報치아니ᄒᆞ면、져蟻만、못ᄒᆞ오。

第十九 每人을悅코져홈

一老翁이、其幼子로、더브러驢一疋을、가지고、市에、팔녀가더니、一處에、이름의、一人이、嘲笑ᄒᆞ되、져老翁이야、참、어리석도다、步行ᄒᆞ면서、아모짐도、載치아니ᄒᆞ얏구나、ᄒᆞᄂᆞᆫ지라。

陸上에、登ᄒᆞ얏소。

未幾에、一獵夫가、手中에、銃을、持ᄒᆞ야、鳥를、捕코져ᄒᆞ다가、鳩를、見ᄒᆞ고、大喜ᄒᆞ야、銃으로、鳩를、射코져ᄒᆞ니、是時에蟻ᄂᆞᆫ、此를、盡見ᄒᆞ얏소。

蟻가、스사로、생각ᄒᆞ되、져비닭이ᄂᆞᆫ、나를、살녓거ᄂᆞᆯ、내가、엇지、비닭이의죽ᄂᆞᆫ것을、보고、구원치아니리오、ᄒᆞ고、一計를、생각ᄒᆞ얏ᄂᆞ이다。

於是에、蟻가、獵夫의、足趾를、一咬ᄒᆞ니、獵夫가、大驚ᄒᆞ야、足을、移ᄒᆞᆯ際에、鳩도、亦驚ᄒᆞ야、드듸여、飛

第十八 蟻와鳩

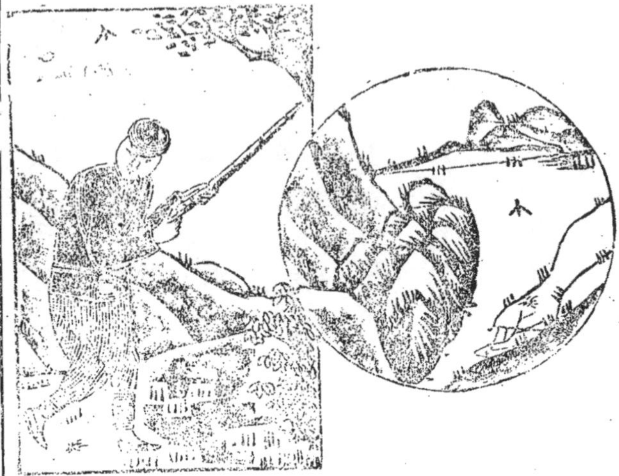

한개암이가、川邊에서、水를飮ᄒᆞ다가、偶然히、水中에、落ᄒᆞᆫ지라、岸上에到ᄒᆞ려ᄒᆞ나、能치못ᄒᆞ더니。

時에、맛참一鳩가、水邊에、在ᄒᆞ얏다가、此를見ᄒᆞ고、憐憫히、녁여、一枝를、口로折ᄒᆞ야、蟻前에、投ᄒᆞ니、蟻가、此에付ᄒᆞ야、水波를、逐ᄒᆞ야、無事히、

幣를製造ᄒᆞ며、此를、鉛과合ᄒᆞ면、鍮가되ᄂᆞ니라。

鐵은、灰色의光이、有ᄒᆞᆫ金屬이라、然ᄒᆞ나、空氣中에、曝ᄒᆞ면、黑色이、生ᄒᆞᆷ으로、黑鐵이라、稱ᄒᆞᄂᆞ니라。

鐵은、其用이、廣大ᄒᆞ니、鑄匠은、此로써、釜鍋를、作ᄒᆞ고、冶匠은、刀、劍、鋤、鍬의等器를、造ᄒᆞ며、又軍器와、兵船을、製造ᄒᆞᄂᆞ니라。

我國은、各色鑛物이多ᄒᆞ야、天然의富源이、有ᄒᆞ니、國民되ᄂᆞᆫ者ᄂᆞᆫ、맛당히、勉勵ᄒᆞ야、國家를、殷富케ᄒᆞᆯ지어다。

셔、新히、採出ᄒᆞᆫ者ᄂᆞᆫ、大概、雜物이、셕기여셔、石과
如ᄒᆞ니、此ᄅᆞᆯ、礦金이라、云ᄒᆞᄂᆞ니라。
礦金은、깨다려셔、雜物을、去ᄒᆞ고、大爐中에、녹여
셔此ᄅᆞᆯ、煅煉ᄒᆞ야、各種物品을、製造ᄒᆞᄂᆞ니라。
金은色이黃ᄒᆞ고、光이美ᄒᆞ고、量이重ᄒᆞ며、銀은
色이白ᄒᆞ고、光이美ᄒᆞ니、此兩種은、金屬中에、第
一貴ᄒᆞᆫ者라、貨幣ᄅᆞᆯ、造ᄒᆞ며、又時計와、指環等을、
作ᄒᆞᄂᆞ니라。
銅은、色이赤ᄒᆞᆫ故로、赤銅이라、稱ᄒᆞᄂᆞ니、此亦貨

리고、乘塲에、셧든人들은、또드러가오。또、貨車內에、在ᄒᆞᆫ貨物은나리고、다시載ᄒᆞᄂᆞ이다。乘客들은、客車에乘ᄒᆞ고、驛夫들은、貨物을載ᄒᆞ야、九時가、되니、滊車는、또、滊笛의소래를、내면서、出發ᄒᆞ오。

第十七　金屬

金、銀、銅、鐵의類는、다、堅固ᄒᆞ고、又、火에、鎔解홈이、相同ᄒᆞᆫ故로、此를、金屬이라、總稱ᄒᆞᄂᆞ니、金屬은、다光澤이、有ᄒᆞ야、甚히、美麗ᄒᆞ나、然ᄒᆞ나、地中에

를檢査ᄒᆞ오。暫時를、지남이、滊車ᄂᆞᆫ、滊笛의소래
가나며、來ᄒᆞ니、其前에、烟氣를、픠우ᄂᆞᆫ것은、機關
車니機關車ᄂᆞᆫ、蒸氣의力으로、後車를、引ᄒᆞ오。
機關車에、次ᄒᆞ야、連續ᄒᆞᆫ車들은、客車와貨車니、
客車ᄂᆞᆫ、人이、乘ᄒᆞᄂᆞᆫ것이오、貨車ᄂᆞᆫ、貨物을、載ᄒᆞ
ᄂᆞᆫ것이오이다。
乘客은、道의遠近을、依ᄒᆞ야、賃金을、出ᄒᆞ고、貨物
은、輕重을、因ᄒᆞ야、賃金을、出ᄒᆞᄂᆞ이다。
滊車가、발셔來着ᄒᆞ니、客車에、在ᄒᆞ든人들은、나

되、其間距離ᄂᆞᆫ、或遠ᄒᆞ며、或近ᄒᆞ오이다。
此處ᄂᆞᆫ、鐵道의停車場이니、衆多ᄒᆞᆫ人은、九時의滊車를、乘ᄒᆞ라고、來ᄒᆞ야、待ᄒᆞ오。滊車ᄂᆞᆫ、一定ᄒᆞᆫ時間이、되면、곳ᄯᅥ나고、一分도、기다리지아니ᄒᆞ오。
停車場內에ᄂᆞᆫ、乘客들이、車票를、買ᄒᆞᄂᆞᆫ데、先來ᄒᆞᆫ人과、後來ᄒᆞᆫ人이、次第로、立ᄒᆞ야、票를、買ᄒᆞ오。乘客들은、乘場으로、出ᄒᆞ니、驛夫들은、乘客의票、

255

其物品을、買用ᄒᆞᄂᆞ니라。

大抵、都賣ᄂᆞᆫ、巨大ᄒᆞᆫ資本을、要ᄒᆞ고、小賣ᄂᆞᆫ、略少ᄒᆞᆫ資本을、要ᄒᆞᄂᆞ니라。

商業은、國家를、富盛케ᄒᆞᄂᆞᆫ根本이라、萬若、此가、發達치못ᄒᆞ면、其國은、반닷히衰敗ᄒᆞᄂᆞ니、現今英國갓튼者ᄂᆞᆫ、商業이、世界에、第一隆盛ᄒᆞᄂᆞ니라。

第十六　停車場

停車場은、滊車를、停止ᄒᆞ고、乘客과、貨物을、載ᄒᆞ며、下ᄒᆞᄂᆞᆫ處所니、鐵路線을沿ᄒᆞ야、處處에置ᄒᆞ

는、大商人의業이라ᄒᆞᄂᆞ니라。

小賣는、都賣所에서、物品을、貿ᄒᆞ여야、此를、모다、需用者에게、放賣ᄒᆞ는者니、多數商人은、大槪此業에、從事ᄒᆞᄂᆞ니라。

中賣는、賣主와、買主의間에、在ᄒᆞ야、賣買를、興成케ᄒᆞ는業을、ᄒᆞ는人이니라。

大ᄒᆞᆫ市街에는、客主又會社의巨大ᄒᆞᆫ商店이、有ᄒᆞ야、各色物品을、都賣ᄒᆞ며、又小商人은、此處에셔、物品을、貿去ᄒᆞ야、各人에게、放賣ᄒᆞ고、各人은、

罪를、得ᄒᆞᆷ이、無케ᄒᆞ라。

ᄒᆞ셧ᄂᆞ이다。

第十五 商業

食物及日用物品을、貿入ᄒᆞ야、人에게放賣ᄒᆞᄂᆞᆫ營業을、商業이라、謂ᄒᆞ며、其人을、商人이라、謂ᄒᆞᄂᆞ니라

商業에ᄂᆞᆫ、都賣、中賣、小賣의別이、有ᄒᆞ니、都賣ᄂᆞᆫ、多數ᄒᆞᆫ差人을、各處에보내셔、諸般物品을、極多히、貿入ᄒᆞ야、此를、小賣商에게賣與ᄒᆞᄂᆞᆫ事니、此

나、然ᄒᆞ나、漸次로、게을너져셔、일즉자고、늣게
일어남이、國家의政事를다사리지못ᄒᆞ야、人
民의疾苦를、도라불수가、업스니、朕이、엇지一
身의便ᄒᆞᆷ을取ᄒᆞ야、萬民을생각지아니리오。
또、全國內에、朕과갓치、年老ᄒᆞᆫ者가、飢寒에、切
迫ᄒᆞᆫ人이、만ᄒᆞ니、各其米와穀으로、朕의意를、
表ᄒᆞ라。
且、卿等이、各其重大ᄒᆞᆫ職任이、잇스니、力을盡
ᄒᆞ야、朕을輔弼ᄒᆞ야、朕으로ᄒᆞ야곰、萬民에게、

第十四　英祖朝의聖德

英祖朝게오셔、一日은、戶曹判書에게、命ᄒᆞ사ᄃᆡ、朕의年이、老ᄒᆞ야、坐臥ᄒᆞᆷ에、甚히、便安치못ᄒᆞ니卿은、朕을爲ᄒᆞ야、寢褥一件을、지어드리라ᄒᆞ시니、戶曹判書가、卽時에、靑木에、木綿을두어、寢褥를、지어드렷소。

後數日에、其寢褥를、戶曹判書에게、도로주시면셔、일으사ᄃᆡ。

朕이、此褥를、싼後로븟허、寢睡가매우、便安ᄒᆞ

고、그袴下로、엉금엉금긔여나가더라。
韓信은、此後에、漢朝의大將軍이되야、맛참내、大功을、成ᄒᆞ니라
請컨ᄃᆡ、諸子는、此를、見ᄒᆞ라、人이、忍耐ᄒᆞᄂᆞᆫ心이、업스면、事를成치못ᄒᆞᄂᆞ니、古語에、云ᄒᆞ되、柔ᄂᆞᆫ、剛을制ᄒᆞ고、弱이、强을勝ᄒᆞᆫ다ᄒᆞ니、恒常、無益ᄒᆞᆫ爭을、爲치말고、憤ᄒᆞᆫ일과、업수이녁임을、當ᄒᆞᆯ새에、오작、忍耐ᄒᆞ야、後日을생각ᄒᆞᆯ지니、人은、맛당히、小에怯ᄒᆞ고、大에勇ᄒᆞᆷ이、可ᄒᆞ니라。

셔韓信을、辱ᄒ되、汝가劍을、찻스니、汝가、勇氣가잇거든、我ᄅᆞᆯ、刺ᄒ고、然치못ᄒ거든、我의袴下로、긔여나가라。ᄒ거늘、韓信이、생각ᄒ기ᄅᆞᆯ、我가、져惡少年을刺殺ᄒᆷ은、無益ᄒᆫ事오、다만我의生命만、傷ᄒᆯ뿐이니차라리、辱을忍ᄒ리라、ᄒ

水ᄂᆞᆫ、形體ᄅᆞᆯ보이지안케、空中으로도、飛上ᄒᆞ며、又、去處ᄅᆞᆯ일흔것갓치、地中으로도、入ᄒᆞ나、然ᄒᆞ나、此皆消失ᄒᆞᆷ은아니오、여긔셔져리로往ᄒᆞ며、져긔셔、이리로來ᄒᆞᆷ에、過치아닐ᄲᅮᆫ이니라。

第十三　韓信

古代、支那에、一英雄이、잇스니、其姓名은、韓信이라、韓信이少時에、家勢가、極히艱難ᄒᆞ야、四方으로、다니면셔、乞食ᄒᆞ더니、

一日은、一市中에、往ᄒᆞᆫ則、여러惡少年들이、모여

보이ᄂᆞ니라。

雨가、來코져ᄒᆞ면、山谷에셔、먼져、烟氣갓튼蒸氣가、飛上ᄒᆞ야、山을덥ᄂᆞ니、此ᄂᆞᆫ、無數ᄒᆞᆫ水滴이、모인것이라、此를、雲或霧라、이르ᄂᆞ니라。

雲이更히冷ᄒᆞ면、또、相集ᄒᆞ야、大ᄒᆞᆫ水滴이되야、地面에、落ᄒᆞᄂᆞ니、此ᄂᆞᆫ、곳、雨니라。

雨水ᄂᆞᆫ、流ᄒᆞ야、江海로도入ᄒᆞ며、地中에도入ᄒᆞᄂᆞ니、地中에入ᄒᆞᄂᆞᆫ者ᄂᆞᆫ、泉이되야、地上에소사、小川이나、大河가되야、다시海로入ᄒᆞᄂᆞ니라。

녀셔、맛참내痕跡이、업ᄂᆞ니라。
然ᄒᆞᆫ則、其水ᄂᆞᆫ、何處로去ᄒᆞ얏ᄂᆞᆫ지、吾人의眼으로、見치못ᄒᆞᄂᆞ니、是ᄂᆞᆫ水가、太陽의熱氣를、밧어셔、蒸發ᄒᆞᆫ、蒸氣로、空氣中에飛散홈이니라。
江이나、海의水도、是와갓치、恒常、太陽의熱을因ᄒᆞ야、形體를變ᄒᆞ야、不絶ᄒᆞ게、空中에飛上ᄒᆞᄂᆞᆫ故로、空中에ᄂᆞᆫ、蒸氣의絶홈이、업ᄂᆞ니라。
蒸氣ᄂᆞᆫ氣體인故로、能히、見치못ᄒᆞ나、萬若、寒冷ᄒᆞᆯ時ᄂᆞᆫ、모다、小ᄒᆞᆫ水滴이되야、비로소、人의目에、

의來치아니홈을、見ᄒᆞ고、明朝ᄂᆞᆫ、自己의父子가、此麥을、刈ᄒᆞ겟다ᄒᆞ더이다。

ᄒᆞ니、母雀이、此롤、聞ᄒᆞ고、비로소大驚ᄒᆞ야曰、我等은、離去홈이、可ᄒᆞ도다、隣人과、親屬을、依賴홈은、足히、懼홀바가、無ᄒᆞ나、其自己의事롤、自己가、ᄒᆞ기로、決定ᄒᆞᆫ則、반ᄃᆞ시、行ᄒᆞ리라。

ᄒᆞ고、即日에、其田을、退去ᄒᆞ얏다ᄒᆞᄂᆞ니라。

第十二 水의去處

衣服을、洗濯ᄒᆞ야、日光에、曝ᄒᆞ면、其水ᄂᆞᆫ、漸次、말

에、其雛가、又言ᄒᆞ되
今日은、田主가、又其親屬에게、麥을同刈ᄒᆞ기
를、請ᄒᆞ얏ᄂᆞ이다。
ᄒᆞ고、甚히、恐懼ᄒᆞ거ᄂᆞᆯ、母雀이、云ᄒᆞ되、
幼子아、懼치말라、비록、그懇親ᄒᆞᆫ人에게、請求
ᄒᆞ나、應從치아니ᄒᆞᆯ지니、汝ᄂᆞᆫ、心을安ᄒᆞ라。
ᄒᆞ고、其翌朝에、又出ᄒᆞ더니、夕後에、歸來ᄒᆞᆷ이、雛
雀이、又告ᄒᆞ야曰、
今日은、田主와、其子가、此地에、來ᄒᆞ야、其親屬

ᄂᆞᆫ、初夏가되야、麥이、已黃ᄒᆞᆫ지라、母雀이、其雛가、能飛ᄒᆞ기前에、主人이、麥을、刈ᄒᆞᆯ가、憂慮ᄒᆞ더라。

一朝ᄂᆞᆫ、食物을求ᄒᆞ러出去ᄒᆞᆯ時에、其雛다려、我가在치아니ᄒᆞᆫ間에、무ᄉᆞᆫ일이잇든지、詳告ᄒᆞ라、

日暮ᄒᆞᆫ後에、母雀이、歸來ᄒᆞᆫ則其雛가、云ᄒᆞ되、今日에、田主가、其隣人에게、請ᄒᆞ야、此麥을、同刈코져ᄒᆞ더이다。

ᄒᆞ니、母雀은、聞ᄒᆞ고、驚懼ᄒᆞᄂᆞᆫ氣色이、少無ᄒᆞ며、

翌日에、또、食物을求ᄒᆞ러出去ᄒᆞ얏더니、其日暮

참내、出發ᄒᆞ든港口에、到來ᄒᆞᄂᆞ니、둥그지아니ᄒᆞ면、엇지方向을、밧구지아니ᄒᆞ리오。

第三은、海邊에셔、遠來ᄒᆞᄂᆞᆫ船을、見ᄒᆞ면、먼져帆頭가보이고、船體ᄂᆞᆫ、보이지아니ᄒᆞ다가、船이近ᄒᆞᆯ사록、船體가、見ᄒᆞᄂᆞ니、此ᄂᆞᆫ、水面의高ᄒᆞᆷ이라。然ᄒᆞᆫ則、地球의形狀은、圓ᄒᆞᆷ이、分明ᄒᆞ도다、地球도、一星이니、엇지、둥그지아니ᄒᆞᆫ星이잇스리오。

第十一　自己의ᄒᆞᆯ事

一雀이、麥田에、巢ᄅᆞᆯ作ᄒᆞ야、其雛ᄅᆞᆯ養ᄒᆞ더니、時

地球의、둥글다ᄒᆞᄂᆞᆫ證據ᄂᆞᆫ、地理學에、見ᄒᆞ면、仔細ᄒᆞ나、此에暫言ᄒᆞ노라。

第一은、月蝕ᄒᆞᆯ時에、見ᄒᆞ면、可히知ᄒᆞᆯ지니、月蝕은、地球의影子가、月體를、가리운것이라、그影子가、둥근즉、그形狀이、엇지둥그지아니ᄒᆞ리오。

第二ᄂᆞᆫ、어느港口에셔든지、船을乘ᄒᆞ고、西나東으로、一定ᄒᆞᆫ方向으로、行ᄒᆞ야、쉬지아니ᄒᆞ면、맛

第十 地球

地球는吾人의生活ᄒᆞ는處所니、其形이、球와如ᄒᆞ니라。

此는、水와土가、合成ᄒᆞ얏스니、表面의四分三은、水오、四分一은、土니라。

古代에는、地가方ᄒᆞ다、ᄒᆞ얏스나、此는、誤說이라、地球는、한、둥근덩어리가、단단히、뭉처셔暫時도쉬지아니ᄒᆞ고、도라다니면셔、晝夜와、四時를、成ᄒᆞ나니라。

設ᄒᆞ되、其下에、枕木으로、밧치고、此에、釘을박으며、衆多ᄒᆞᆫ鐵片으로、互相連接ᄒᆞ니、此ᄂᆞᆫ、軌道라、兩車가交替ᄒᆞᄂᆞᆫ데ᄂᆞᆫ、軌道가、二가되ᄂᆞ니라。

現今我國이、海에ᄂᆞᆫ、滊船이有ᄒᆞ고、陸에ᄂᆞᆫ、滊車가有ᄒᆞ야、旅行과、運輸에、大端히、便利ᄒᆞᄂᆞ니라。

昔時에ᄂᆞᆫ、釜山에셔、京城으로、上來ᄒᆞᆷ이、山을넘으며、江을건너셔、艱苦를지내고、十餘日後에、始達ᄒᆞ얏스나、今에ᄂᆞᆫ、車中이나、船上에、便安히、坐ᄒᆞ야、一日에、能通ᄒᆞᄂᆞ니라。

用ᄒᆞ야、機械를、움작이기를、研究ᄒᆞᆫ지라、後人이
더욱、研究ᄒᆞ며試驗ᄒᆞ야、맛참내、滊船과、滊車를
製造ᄒᆞ니라。

滊船은、蒸氣의力으로、船을부려셔、水를披ᄒᆞ고
海面에航行ᄒᆞᄂᆞᆫ者니、其行홈이、極히、速ᄒᆞ니라。

滊車도、또ᄒᆞᆫ、蒸氣의力을、用ᄒᆞ야、車를運ᄒᆞ며、其
車에、數多ᄒᆞᆫ車를、連鎖ᄒᆞ야、滊船보다、더욱速히
行ᄒᆞᄂᆞ니、此ᄂᆞᆫ、鐵路의上으로、行ᄒᆞᄂᆞ니라。

鐵路ᄂᆞᆫ、平便ᄒᆞᆫ道上에、兩線의鐵片을、平行으로

ᄒᆞ거ᄂᆞᆯ、波斯王이、此言을聞ᄒᆞ고、매우奇異히녀여셔、생각ᄒᆞ되、져樵夫ᄂᆞᆫ、果然、그職分을知ᄒᆞᄂᆞᆫ者라ᄒᆞ고、稱賛ᄒᆞ얏다ᄒᆞ니라。

第九 滊船과滊車

鐵罐에、水를盛히、끄리면、其盖ᄂᆞᆫ、조곰、推上되야、滊를通ᄒᆞᄂᆞ니、此ᄂᆞᆫ、水가沸ᄒᆞᄂᆞᆫᄃᆡ로、蒸氣의力이、生ᄒᆞ야、然ᄒᆞᆷ이니、滊ᄂᆞᆫ、蒸氣의稍冷ᄒᆞ야、吾人의目에、보이ᄂᆞᆫ것이라。

昔時에、英吉利에、와트라ᄒᆞᄂᆞᆫ人이、蒸氣의力을、

이ᄯᆡ에王은그臣下로더브러野外에구경ᄒᆞ더니、一樵夫가、나무짐、진것을見ᄒᆞ고、問ᄒᆞ되、다른百姓들은、다、王의잔채에、참례ᄒᆞ거늘、汝ᄂᆞᆫ、何故로、往치아니ᄒᆞ얏ᄂᆞ뇨、ᄒᆞ니、樵夫가聽ᄒᆞᆫ後에、對答ᄒᆞ되、

므릇、사람은、맛당히、自己의力으로써、自己의食을得ᄒᆞᆯ지라、王이、비록、恩惠를베프시나、此ᄂᆞᆫ、吾의勤勉ᄒᆞᆷ心을、滅케ᄒᆞᆷ이니、吾ᄂᆞᆫ、王의救恤ᄒᆞ심을顧치아니ᄒᆞ노라、

니、汝ᄂᆞᆫ、極히생각ᄒᆞᆯ지어다。
此後로붓허、順吉은、그父親의말삼을、聽從ᄒᆞ야、
惡ᄒᆞᆫ友가、誘引ᄒᆞᄂᆞᆫ時ᄂᆞᆫ、恒常、腐柿를생각ᄒᆞ야、
맛참내、善人이되얏더라。

第八　波斯王의話

波斯라、ᄒᆞᄂᆞᆫ國은、亞細亞洲의西南에在ᄒᆞ니、古
時에、極히、强盛ᄒᆞ얏섯ᄂᆞ니라。
古時에、波斯에、一有名ᄒᆞᆫ王이、모든百姓을모와
셔、큰、잔채를開設ᄒᆞ야다。

日後에、내여보니、六個의柹가、다、썩엇ᄂᆞᆫ지라。

順吉이、心中에、매우악가워ᄒᆞ거ᄂᆞᆯ、그父親이、此ᄅᆞᆯ見ᄒᆞ고、경계ᄒᆞ야갈오ᄃᆡ、

我가、그젼붓허、자조、汝ᄅᆞᆯ가라쳣스나、汝ᄂᆞᆫ、듯지아니ᄒᆞ얏스니、今에、此柹ᄅᆞᆯ見ᄒᆞᆯ지어다。이、조흔柹五個가、져썩은柹一個와、함긔잇ᄂᆞᆫᄭᆞ닭으로、다、썩엇다。

人도、萬一、惡ᄒᆞᆫ友와、交遊ᄒᆞ면、비록착ᄒᆞᆫ사람이라도、그惡ᄒᆞᆫ것에、물들어셔、惡ᄒᆞᆫ人이되ᄂᆞ

順吉은、恒常惡ᄒᆞᆫ同年과交遊ᄒᆞ는지라、그父親은、此를念慮ᄒᆞ야、자조、禁止ᄒᆞ나、듯지아니ᄒᆞ거ᄂᆞᆯ、一日은、그父親이、濃熟ᄒᆞᆫ、柿五個를、소반에담어、順吉에게주니、順吉이、大喜ᄒᆞ는지라。

於是에、그父親은、又腐柿一個를、其上에共置ᄒᆞ야、樓上에두라ᄒᆞ니、順吉이、父親의命ᄃᆡ로、奉行ᄒᆞ얏더니、四五

ᄒᆞ야、城을進攻ᄒᆞᆫᄃᆡ、楊萬春이、軍士를命ᄒᆞ야、一齊히、弓弩를發ᄒᆞᆷ이、唐帝의身에、矢가、蝟毛갓치集ᄒᆞ야、其左目이眇ᄒᆞ며、死境에幾至ᄒᆞᆫ지라。

唐帝가、智가窮ᄒᆞ며、力이竭ᄒᆞ야、得已치못ᄒᆞ야、本國으로、退歸ᄒᆞ고、敢히、復戰치못ᄒᆞ더라。

唐帝가、드듸여、錦袍一領을楊萬春에게、贈ᄒᆞ야、城의固守ᄒᆞᆷ을稱贊ᄒᆞ고、退去ᄒᆞ니、萬春이、城上에登ᄒᆞ야、好意로謝送ᄒᆞ니라。

第七 腐柿

니、그形勢가、海潮의미듯ᄒᆞ더라。
高句麗ᄂᆞᆫ、支那의地ᄅᆞᆯ界ᄒᆞ야、前으로붓허、恒常、兵備ᄅᆞᆯ嚴히ᄒᆞᄂᆞᆫ故로、隋帝의軍을大破ᄒᆞ고、外寇ᄅᆞᆯ防禦ᄒᆞ더니、是時에、唐兵이又侵ᄒᆞ더라。
然ᄒᆞ나、楊萬春이、安市城을固守ᄒᆞ야、唐兵을抗拒ᄒᆞ니、安市ᄂᆞᆫ、彈丸과、如ᄒᆞᆫ小城이오、又其兵士도、數千에不過ᄒᆞ거ᄂᆞᆯ、月餘ᄅᆞᆯ經ᄒᆞ도록、唐兵이能히拔치、못ᄒᆞᄂᆞᆫ지라。
時에、唐帝가驕心이怒氣로變ᄒᆞ야、兵士ᄅᆞᆯ親督

ᄒᆞᆫ才智를聞ᄒᆞ면、그짓말이라稱ᄒᆞᄂᆞ니、엇지、此蛙와、다르리오。

第六 楊萬春

高句麗、時代에、楊萬春은、忠義와智勇이、兼有ᄒᆞ야、國家를尊崇ᄒᆞ고、外寇를防禦ᄒᆞ든、有名ᄒᆞᆫ人이라、時에支那의唐帝李世民이、隋의亂을平定ᄒᆞ고、皇帝라稱ᄒᆞᆫ後에其貪慾의心을肆ᄒᆞ야、東으로高句麗를侵奪코져ᄒᆞ야、스사로、百萬의大軍을、거나리고、遼東으로出ᄒᆞ야、安市城을臨ᄒᆞ

셔來ᄒᆞ노라、蛙가、井中을、두루뛰여다니면셔、言ᄒᆞ되、海도이럿케、大ᄒᆞ냐、ᄒᆞ얏소。
鼈이、笑ᄒᆞ면셔、對答ᄒᆞ되、井보다、極大ᄒᆞ다ᄒᆞ니、蛙가、又言ᄒᆞ되、此보다、深ᄒᆞ냐、ᄒᆞ거ᄂᆞᆯ、鼈이答ᄒᆞ야曰、

汝의才로ᄂᆞᆫ、一生을入去ᄒᆞ야도、底에ᄂᆞᆫ、達치못ᄒᆞ리라。

ᄒᆞ니、蛙ᄂᆞᆫ。鼈더러、그짓말、ᄒᆞᆫ다고、책망ᄒᆞ얏소。
므릇、學識이업ᄂᆞᆫ者ᄂᆞᆫ、人의廣大ᄒᆞᆫ事業과、開明

艦을、多設홈이、可ᄒᆞ니라。

第五 無識ᄒᆞᆫ蛙

一蛙가、井中에서、살더니、一日은、海에잇는鼈이、지나다가、偶然히、此井에、入ᄒᆞ얏소。蛙가井石에坐ᄒᆞ야、驕慢ᄒᆞᆫ모양으로、鼈에게、問ᄒᆞ되、汝는、어ᄃᆡ로서、來ᄒᆞᄂᆞ냐、ᄒᆞ니、鼈이荅ᄒᆞ되、我는海로

시ᄒᆞᄂᆞ니라。

然ᄒᆞᆫ則、昔時에ᄂᆞᆫ、비록山의險高와、海의廣大ᄒᆞᆷ을恃ᄒᆞ야、國家ᄅᆞᆯ堅固케녁엿스나、今日에ᄂᆞᆫ、然치아니ᄒᆞ니、其國을保全코져ᄒᆞᆯ진ᄃᆡ、兵備가업스면、엇지可ᄒᆞ리오。

是以로、陸地에ᄂᆞᆫ、陸軍이잇고、海上에ᄂᆞᆫ、海軍이잇서、其國을保護ᄒᆞᄂᆞ니、今日世界上에、强國은、軍艦을多設ᄒᆞᄂᆞ니라。

我國은、三面은、海가有ᄒᆞ고、一面은、陸地인則、軍

ᄂᆞᆫ者와、敵兵을驅逐ᄒᆞᄂᆞᆫ者와、又此外에여려가지가잇ᄉᆞ니、다、大砲를船內에置ᄒᆞᄂᆞ니라。

大凡、國에兵備가잇슴은、家에藩墻이잇슴과갓ᄐᆞ니、家에藩墻이업ᄉᆞ면、盜賊이반닷히入ᄒᆞ고、國에兵備가업ᄉᆞ면、外敵이반닷히侵ᄒᆞᄂᆞ니라。

國家ᄂᆞᆫ、오작陸地만、領有ᄒᆞ야、領土라ᄒᆞ지아니ᄒᆞ고、또、海도領有ᄒᆞᄂᆞ니、此ᄂᆞᆫ領海라ᄒᆞᄂᆞ니라。

現今의時代ᄂᆞᆫ、世界上에在ᄒᆞᆫ國이多ᄒᆞ고、又此諸國이、셔로交通ᄒᆞᆷ을、吾人의隣家에、往來ᄒᆞ다

第四 軍艦

軍艦은、戰爭에、用ᄒᆞᄂᆞᆫ堅固ᄒᆞᆫ船이니、鐵로造ᄒᆞ며、汽力으로、行使ᄒᆞᄂᆞ니、兵士ᄂᆞᆫ、다만陸地에서、戰爭ᄒᆞᆯ뿐아니오、海上에셔도、戰爭ᄒᆞᄂᆞ니、此ᄂᆞᆫ海軍이니、海軍은、軍艦을乘ᄒᆞᄂᆞ니라。

軍艦에ᄂᆞᆫ、敵兵과戰鬪ᄒᆞ

國文은、母音十一과、子音十七로、成ᄒᆞ니、合二十八音이라、此로써、諸字ᄅᆞᆯ合成ᄒᆞ야、萬般의聲音을、寫出ᄒᆞ니라。

然ᄒᆞᆷ으로、此ᄅᆞᆯ學ᄒᆞ기易ᄒᆞ며、또、用ᄒᆞ기도便ᄒᆞ야、或純全ᄒᆞᆫ國文을用ᄒᆞ며、又或國文과、漢文을交用도ᄒᆞᄂᆞ니라。

諸子아、생각ᄒᆞ라、萬國이、다、方言과、文字가、各有ᄒᆞ니、我國은、我國文을、使用ᄒᆞᆷ이、可ᄒᆞ도다、國文은、實로億萬年에獨立自主ᄒᆞᄂᆞᆫ表跡이니라。

우리가、心에在ᄒᆞᆫ事ᄅᆞᆯ、口로能히言ᄒᆞ며、또、手로能히書ᄒᆞᄂᆞ니、言語ᄂᆞᆫ、聲音으로耳에感覺케ᄒᆞ며、文字ᄂᆞᆫ、形象으로目에感覺케ᄒᆞᄂᆞᆫ者라。

我國이、古代에、言語ᄂᆞᆫ잇스나、文字ᄂᆞᆫ업ᄂᆞᆫ故로、他國의文字ᄅᆞᆯ借用ᄒᆞ얏스니、即漢文이라。

이럼으로、我國이幾千年來로、漢文을使用ᄒᆞ야、事實上에、不便ᄒᆞᆷ이、實로、巨大ᄒᆞᆫ지라。

世宗大王게오셔、此ᄅᆞᆯ憂ᄒᆞ사、親히文字ᄅᆞᆯ、製作ᄒᆞ시니、곳今日에、우리가用ᄒᆞᄂᆞᆫ國文이라。

에게、무슨害가、有ᄒᆞ냐、然ᄒᆞᆫ則、此ᄂᆞᆫ、無益ᄒᆞᆫ殺傷이니、此ᄂᆞᆫ惡ᄒᆞᆫ일이니라。

彼、漁父가、魚를捕ᄒᆞ며、獵夫가、獸를捕홈은、다、人의食品과、衣具等을、爲홈이니라。

然ᄒᆞ나、汝等은、彼小蛙를、打殺코져ᄒᆞ니、小蛙를、將次何에用ᄒᆞ려ᄒᆞᄂᆞ냐、아모利益도업고、蓮葉간傷ᄒᆞᆫ다。

말삼ᄒᆞ얏소。

第三 國文

一日에、丁吉과、順吉이、蓮池의邊에서遊ᄒᆞ다가、蓮葉上에、在ᄒᆞᆫ一小蛙ᄅᆞᆯ見ᄒᆞ고、順吉이、그가진小杖으로打ᄒᆞ고、또、小石을投ᄒᆞᄂᆞᆫ지라。

이ᄯᅢ에、丁吉의父親이、此ᄅᆞᆯ見ᄒᆞ고、小蛙ᄅᆞᆯ殺치말라일으되、

兒孩들아、何故로、彼小蛙ᄅᆞᆯ打殺코져ᄒᆞᄂᆞ냐。

汝等이、滋味잇ᄂᆞᆫ놀음으로、知ᄒᆞ나、小蛙가、汝

太祖高皇帝게오셔、民心을順히ᄒᆞ사、國家ᄅᆞᆯ다
사리사、國基ᄅᆞᆯ鞏固케ᄒᆞ셧ᄂᆞ이다。
全國의百姓은、다　太祖高皇帝의聖德과、大業
을、思慕ᄒᆞ야、是日을、紀念ᄒᆞ야、千萬代에이르기
ᄅᆞᆯ、祝賀ᄒᆞ오。
是日은、京鄕을、勿論ᄒᆞ고、다、業을休ᄒᆞ고、國旗ᄅᆞᆯ、
門頭에高懸ᄒᆞ야、慶祝ᄒᆞᄂᆞᆫ뜻을表ᄒᆞ며、各學校
의學員들은、國旗ᄅᆞᆯ建ᄒᆞ고、愛國歌ᄅᆞᆯ唱ᄒᆞ오。

第二　蓮池의蛙

初等小學卷六

第一 開國紀元節

紀元節은、우리太祖高皇帝게오셔、御位에나아가신日이오이다。

當時에、全國이、크게、어지러워셔、盜賊은、四方에、이러나며、또、外寇는、자조、侵鹵ᄒᆞ얏소。

太祖高皇帝게오셔、親히、兵을거나리시고、모다、平定ᄒᆞ신故로、全國臣民은、다、一心으로、推戴ᄒᆞ야、御位에나아가시게ᄒᆞ얏소。

初等小學卷六目次

216

光武十年十月 日

初等小學

六

大韓國民教育會藏板